Hans Baumann · Der große Alexanderzug

Hans Baumann, 1914 geboren, zählt zu den bekanntesten deutschen Kinder- und Jugendbuchautoren. Seine Bücher wurden bisher in 21 Sprachen übersetzt und im In- und Ausland preisgekrönt. Zwei seiner Titel: ›Die Höhlen der großen Jäger‹ und ›Die Welt der Pharaonen‹. Der Autor übersetzte auch Bücher aus dem Russischen, u. a.: ›Dort, weit hinter dem Fluß‹ von Juri Korinetz und ›Polarfuchs Napoleon III.‹ von Juri Kowal. Zuletzt erschienen die Bilderbücher ›Tschip hat viele Brüder‹ (mit Bildern von Eric Carle), ›Mischa und seine Brüder‹ (mit Bildern von Reinhard Michl) und ›Das Liederboot‹ (Kinderlieder, illustriert von Annegert Fuchshuber).
Titel von Hans Baumann bei dtv junior: siehe Seite 4

Hans Baumann

Der große Alexanderzug

Deutscher
Taschenbuch
Verlag

dtv

Mit vielen Abbildungen und einer Karte

Von Hans Baumann sind außerdem bei dtv junior lieferbar:
Ich zog mit Hannibal , Band 7048
Der Sohn des Columbus, Band 7429
Flügel für Ikaros, Band 7482
Löwentor und Labyrinth, Band 70106
Ein Stern für alle. Ein Weihnachtsbuch, Band 7329
Ein Reigen um die Welt. 99 Gedichte aus 49 Ländern, Band 7002

In der Reihe für Leseanfänger:
Die Drei im blauen Ballon (große Druckschrift), Band 7472
Warum Fiffi Fiffi heißt (Schreibschrift), Band 7501
Geschichten mit Pfiff (große Druckschrift), Band 7568

Ungekürzter Text
1. Auflage September 1977
6. Auflage Februar 1987: 48. bis 53. Tausend
Deutscher Taschenbuch Verlag GmbH & Co. KG, München

Umschlaggestaltung: Celestino Piatti
Gesetzt aus der Aldus 10/11'
Satz: IBV Lichtsatz KG, Berlin
Druck und Bindung: Ebner Ulm
Printed in Germany · ISBN 3-423-07275-x

Inhaltsverzeichnis

Anhang

Der Erzähler stellt sich vor

Alexander, der junge Mazedonenkönig wurde auf seinem Zug nach Asien von Schrittmessern begleitet, die ihm zu berichten hatten, welche Strecken das Heer Tag für Tag zurücklegte. Sie wurden Tagläufer des Königs und Schrittzähler von Asien genannt. Ich war einer von ihnen.

So kam es, daß ich Alexander immer nahe war – außer in den Schlachten. Denn wir Schrittmesser trugen keine Waffen. Wir waren so wenig Soldaten wie die Gelehrten oder Wagenmacher, die im Troß mitzogen. Unsere Aufgabe war es, alle Schritte genau zu vermerken, keinen anzufügen oder wegzulassen. Und so hielten wir es und wurden vom König dafür gelobt.

In den Stunden aber, in denen ich keine Schritte zu zählen brauchte, sammelte ich die Geschichten, die über Alexander erzählt wurden: von seinen Freunden und Vertrauten, von Soldaten und Bänkelsängern, von Mazedonen und Persern und Indern – und von einem Dichter, den ich nach meiner Rückkehr vom großen Alexanderzug traf. Er war nicht dabeigewesen, und dennoch wußte er von Alexander mehr als wir, des Königs Tagläufer.

All diese Geschichten will ich nun erzählen. Und wie ich beim Schrittmessen keinen Schritt anfügte und keinen wegließ, so werde ich auch bei den Geschichten genau sein und nichts verändern, auch dort nicht, wo die Begebenheiten nicht zum Ruhm Alexanders sind.

Der Tod hat Alexander in einem Alter eingeholt, in dem die meisten noch nichts Nennenswertes getan haben. In den vierzehn Jahren, in denen Alexander König war, fiel ihm die halbe Welt zu. Aber nicht den beispiellosen Eroberer will ich rühmen. Da ich Alexander Tag für Tag vor Augen hatte, kann ich berichten, wie er als Freund und Feind, bei Festgelagen und in Stunden der Gefahr war. Ich habe gesehen, wie furchtbar sein Zorn, wie großmütig er als Sieger, wie selbstlos er als Gefährte und wie verzweifelt er nach Schreckenstaten sein konnte, zu denen er sich hatte hinreißen lassen. Wie der große Alexander als Mensch war, will ich erzählen.

Die fünfundfünfzig Geschichten

1

Alexander erringt seinen ersten Sieg und erfährt ein Geheimnis

Alexander errang seinen ersten Sieg mit zwölf Jahren. Fünf ausgesuchte Läufer, so alt wie er, traten gegen ihn an. Sein Vater, König Philipp von Mazedonien, hatte einen goldenen Kranz als Preis für den Sieger im Lauf ausgesetzt. Um die Länge eines Pferdes ging Alexander vor den andern durch das Ziel.

»Du solltest bei den nächsten Olympischen Spielen um den Siegeskranz laufen«, sagte König Philipp zu seinem Sohn. »Wenn Könige gegen mich antreten, will ich dort kämpfen«, erwiderte Alexander. Und Philipp freute sich über diese Antwort.

Die Königsstadt Pella war nicht befestigt. »Sie braucht keine Mauern«, sagte König Philipp, »ich schütze sie«. Er war ein gewaltiger Kriegsmann und hatte viele Wunden im Kriege empfangen. Sein linkes Bein war steif wie ein dürrer Ast; aber wenn König Philipp auf seinem Pferd saß, holte er jeden Feind ein.

Er hatte nur noch ein Auge, weil ein Pfeil sein anderes Auge ausgelöscht hatte; aber er sah jede Gefahr und entdeckte rasch, wo auf dem Schlachtfeld der Sieg versteckt war.

Als wieder einmal Boten an den mazedonischen Königshof kamen, die einen neuen Sieg Philipps meldeten, erbleichte Alexander. Und da alle andern voll Siegesfreude waren und ihn fragten, warum er so dreinblicke, als sei ihm ein Unglück zugestoßen, sagte er: »Was wird mir zu erobern übrig bleiben, da mein Vater so viel erobert!«

Aristoteles der Weise, sein Lehrer, sagte zu ihm: »Sei unbesorgt! Die Erde ist so groß, daß keiner mit Waffen bis an ihr Ende dringen kann.«

Als Alexander das hörte, brach Feuer aus seinen Augen. Um diese Zeit verriet seine Mutter ihm etwas, das nur sie allein wußte. Königin Olympias war insgeheim eine Priesterin, die in den Tempeln oder auf heiligen Plätzen tanzte. Sie konnte

Schlangen in ihren Händen halten, und sie taten ihr nichts zuleide.

Als der König sie zur Frau genommen hatte, träumte sie von einem Sohn, herrlicher als alle Könige dieser Erde. Und sie bat Gott, der die Welt regiert, um einen solchen Sohn. Eines Nachts sah sie, daß ein Blitz vom Himmel fiel und in ihren Leib schlug als ein Zeichen, daß ihr Sohn göttlich sein werde.

In dieses Geheimnis wurde Alexander von seiner Mutter eingeweiht, als König Philipp fern von Pella auf einem Kriegszug war.

2

Alexander gewinnt ein Pferd

Der Mazedonenkönig liebte nichts so sehr wie Pferde. Eines Tages bot ihm ein Grieche einen riesigen Rappen an, der auf der Stirn einen schneeweißen Flecken hatte, wie er bei Rindern oft zu finden ist. Deswegen wurde das Pferd Bukephalos genannt, was »Ochsenkopf« heißt. Der Grieche wollte dreizehn Talente dafür; das ist so viel wie fünf schöne Häuser wert sind.

Das Pferd gefiel allen, auch dem König. Aber als er es reiten wollte, stieg es hoch, warf die Mähne und tanzte auf der Hinterhand. Und als des Königs bester Reiter sich auf das Pferd schwang, wurde er auf das Feld geschleudert.

Der König ärgerte sich und fuhr den Verkäufer an: »Geh mir mit diesem schwarzen Wildfang aus den Augen! Er taugt zu nichts.«

Da bat Alexander seinen Vater: »Laß mich das Pferd reiten! Es gibt auf der ganzen Welt kein besseres Pferd.«

»Niemand kann es reiten«, sagte König Philipp. »Auch dich wird es abwerfen.«

»Dann bezahle ich die dreizehn Talente«, sagte Alexander. Alle waren belustigt, und der König schloß mit seinem Sohn eine Wette ab. Dann ging Alexander ruhig zum Pferd und kehrte es in die Sonne. Nun konnte es den eigenen Schatten nicht mehr sehen und ließ sich führen. Alexander begann mit dem Pferd zu sprechen. Bukephalos spitzte die Ohren. Als Alexander zu laufen anfing, fiel Bukephalos in Trab. Da streifte Alexander den Mantel ab und schwang sich auf das Pferd. Bukephalos setzte zum Galopp an und flog wie eine Wolke vor dem Wind.

Wer es sah, hielt den Atem an. Außer dem Schlagen der Hufe war kein Laut zu hören. König Philipp und mit ihm alle hatten Angst um den jungen Reiter.

Doch Alexander rief Bukephalos fröhliche Worte zu. Nach einer weiten Schleife brachte er das Pferd vor dem König zum Stehen. Und obgleich nun alle begeistert schrien, versuchte Bukephalos nicht auszubrechen.

Dem König liefen Tränen der Freude über das Gesicht, und er sagte zu Alexander: »Für dich ist Mazedonien zu klein. Such dir ein Reich, das besser zu dir paßt!«

Und er schenkte seinem Sohn das herrliche Pferd.

Auch von Aristoteles erhielt Alexander ein kostbares Geschenk: die Ilias von Homer. In diesem Buch wird von den Griechen erzählt, die nach Asien hinüberfuhren, um die geraubte Griechenkönigin Helena zurückzuholen, von Agamemnon und Achill, Odysseus und Nestor und den anderen Achäern, die Troja nach zehnjährigem Krieg mit Hilfe eines hölzernen Pferdes eroberten. Alexander las jeden Tag in der Ilias. Und ihn ergriff die Sehnsucht, dorthin zu ziehen, wo Troja einst stand, und die Feinde der Griechen zu schlagen. Seinen Vater bat er, Stagira, die Geburtsstadt des Aristoteles, die im Kriege zerstört worden war, wieder aufzubauen. Und König Philipp erfüllte ihm seinen Wunsch.

Der König war kein Knauser. Aber Alexander übertraf ihn an Freigebigkeit. Freilich erhielt von ihm nur der ein Geschenk, der ihn darum bat.

Einer der Spielgefährten hieß Serapion. Er ging Alexander nie um etwas an, und so bekam er auch nichts von ihm. Eines Tages, als sie beim Ballspiel waren, warf Serapion den Ball jedem zu nur nicht Alexander. Am Ende des Spiels fragte Alexander Serapion, warum er ihm den Ball nicht ein einziges Mal zugeworfen habe.

»Ich habe nicht gehört, daß du mich darum gebeten hast«, sagte Serapion.

Da mußte Alexander lachen, und er gab Serapion ein Geschenk von ungewöhnlichem Wert.

Großzügig ging Alexander auch mit dem Weihrauch um, den er als Königssohn beim Opfer in das heilige Feuer zu streuen hatte. Er tat es mit vollen Händen.

Ein Priester tadelte ihn und sagte: »So verschwenderisch mit Weihrauch darf nur der sein, dem das Weihrauchland gehört.«

»Einmal wird es mir gehören«, gab Alexander so bestimmt zur Antwort, daß es dem Priester die Rede verschlug.

3
Alexander verliert seinen Vater

Sechs Jahre später kam es zwischen den Griechen und Mazedonen zum Krieg. Bei Chäronea stand das Heer der Athener und Thebaner hinter Schanzen, eine Mauer aus Menschen und Speeren. Die Mazedonen rückten gegen sie vor. Und König Philipp brachte durch eine List die Mauer dazu, daß sie sich bewegte. Er nahm den rechten Flügel seines Heeres zurück, als fürchtete er sich, und verlockte die Athener und Thebaner, ihn zu verfolgen. Aber sobald der Feind aus den Schanzen getreten war, drang Philipp mit seinen Mazedonen vor, und die Griechen kamen ins Wanken. Auf dem linken Flügel setzte die mazedonische Reiterei zum Stoß an. Alexander war an der Spitze. Bukephalos flog über das Feld von Chäronea wie eine Wolke, aus der Blitze schlagen. Die Mauer der Feinde fiel. Die Gefangenen flohen. König Philipp ließ sie nicht verfolgen. Dadurch errang er einen weit größeren Sieg; denn nun wählten ihn die Griechen zu ihrem Strategen. Er sollte sie nach Asien führen

Münzbild des Königs Philipp von Mazedonien. Philipp bereitete Alexanders Werk vor. Er berief Aristoteles, den größten Gelehrten seiner Zeit, zum Erzieher seines Sohnes. Aristoteles zog mit Alexander auf ein Landgut, da in Pella wegen der rastlosen Bautätigkeit Philipps nicht die Ruhe zu finden war, die ein Gelehrter braucht.

– gegen die Perser, deren König Xerxes einst griechische Tempel geschändet und Athen verbrannt hatte.

Heimgekehrt nach Pella aber stiftete der König Feindschaft im eigenen Haus. Er verstieß die Königin Olympias und nahm eine junge Prinzessin zur Frau.

Beim Hochzeitsgelage war Alexander in düsteres Schweigen gehüllt. König Philipp trank unmäßig. Durch den Nebel seines Rausches sah er nur die Gesichter der Lobredner, die sich um ihn drängten.

Als Attalos, der Onkel der jungen Braut, in einem Trinkspruch die Götter bat, dem Thron einen rechtmäßigen Erben zu schenken, sprang Alexander auf und warf Attalos ein schweres Trinkgefäß an den Kopf.

Nun erhob sich auch König Philipp. Er nannte Alexander einen »Sohn der Olympias«, als wäre er nicht auch sein eigener Sohn und Erbe. Er griff sogar zu seinem Schwert und wollte Alexander angreifen. Doch war er so berauscht, daß er in eine Lache verschütteten Weines hinschlug und nicht mehr aufstehen konnte, weil niemand ihm half.

Da spottete Alexander: »Dieser Mann will von Europa nach Asien hinübergehen und stürzt schon auf dem Wege von einem Tisch zum andern!«

Noch in der gleichen Nacht floh Alexander mit seiner Mutter und den engsten Freunden nach Illyrien.

Bald darauf vermählte König Philipp seine Tochter Kleopatra einem befreundeten Fürsten. Während der Hochzeitsfeiern wurde er von einem Mazedonen, den er gekränkt hatte, ermordet.

4
Alexander wird König und zieht nach Norden

Nun kehrte Alexander zurück und ließ sich zum König ausrufen. Die Soldaten, die seine Kühnheit kannten, erhoben den Neunzehnjährigen auf den Schild. Und Alexander begann das Heer sogleich zu erproben.

Zunächst führte er es nach Norden. Dort hauste im Gebirge ein räuberischer Stamm, der selbst unter Räubern gefürchtet war. Die Gebirgler hatten keine Lanzen, nur Dolche und kurze Schwerter; und statt eiserner oder lederner Helme trugen sie Fuchsbälge auf ihren Köpfen. Schlau wie Füchse waren sie. Dem Mazedonenheer, das mit Speeren und Schilden anrückte, wichen sie auf schwer zugängliche Höhen aus. Und sie machten das Gebirgstal, durch das Alexander mit seinen Soldaten zog, zu einem Hinterhalt.

Auf die Höhen zu beiden Seiten hatten sie all ihre Wagen gebracht und mit Felsbrocken beladen. Als nun die Mazedonen in das Tal eingerückt waren, rollten über die Bergflanken Wagen mit fürchterlichem Gepolter auf sie herab.

Auf Befehl Alexanders taten sich Gassen im Mazedonenheer auf – die Wagen hatten freie Bahn. Wo aber für Gassen zu wenig Platz war, warfen sich die Soldaten zu Boden und deckten sich mit ihren Schilden. Die Schilde dröhnten, als die Wagen über sie rollten. Die Felsbrocken, von den Wagen geschleudert, hüpften über Brücken aus Schilden weg. So gab es wenig Verluste und fast keine Wunden, doch viel Spott und Gelächter.

Alexander rückte an die Donau vor. Dort ergriff ihn das Verlangen, die Länder zu sehen, die weiter im Norden lagen. Aber bei Tag war es unmöglich, den Strom zu überqueren, ohne unter einen Hagel von Pfeilen zu geraten. Da ließ Alexander alle Fischerkähne und Einbäume, deren man habhaft werden konnte, zusammenbringen. Zelte und Lederplanen wurden mit Heu und Stroh gestopft und mit dichten Nähten versehen. Auf diesen leichten Ballen und den Kähnen ruderten die Mazedonen in der Nacht über den Strom, als weder Mond noch Sterne niedersahen.

Jenseits der Donau stand das Getreide hoch aufgeschossen – bis über die Helme der mazedonischen Krieger.

Mit einem Male wuchs das Getreide zu dreifacher Höhe. Im Morgenlicht rückte ein Wald von Speeren vor. Die Bewohner des Landes ergriffen die Flucht.

Alexander rief sie zurück. Er bot ihnen Freundschaft an für den Fall, daß Soldaten aus ihren Reihen ihn auf dem Zug begleiten wollten, den er vorhatte. Um ihren Mut zu prüfen sagte er: »Wir werden bis an das Ende der Welt ziehen.«

Da drängten sich viele, in sein Heer einzutreten.

Alexander zog auch in den Westen, um die Völker für sich zu gewinnen. Sein Name flog wie ein Blitz durch die Länder. In sein Feldlager kamen Gesandtschaften von weither. Alle sagten ihm, daß sie mit ihm ziehen wollten, wenn er es wünsche. Viele nahm er in sein Heer auf.

Auch keltische Krieger, die von der oberen Donau geritten

kamen, trafen bei ihm ein. Es waren hochgewachsene Männer, die viel von sich hielten. Alexander freute sich über die geraden Worte dieser Fremden, die so weit geritten waren, um ihn zu sehen, und er bewirtete sie.

Als sie miteinander tranken und fröhlich waren, fragte er sie, wovor sie Furcht hätten.

»Vor nichts«, sagten die Kelten, »außer daß der Himmel einfallen könnte, weil er so hoch ist.«

Diese Antwort gefiel Alexander, und er fragte weiter: »Woran liegt euch am meisten?«

»An deiner Freundschaft«, sagten die Kelten.

Da nannte Alexander sie seine Freunde und beschenkte sie reich. Und sie ritten zurück an die obere Donau und verbreiteten Alexanders Ruhm in ihren Ländern.

5
Alexander straft Theben

Unter den Griechen gab es viele, die vergessen hatten, wie großmütig sie der Mazedonenkönig nach der Schlacht von Chäronea behandelt hatte. König Philipp war tot. Alexander war fern mit seinem Heer. Redner in Athen und Theben hielten Hetzreden gegen die Mazedonen. Ein Verwundeter wurde herumgezeigt. Er behauptete: »Ich habe im mazedonischen Heer an der Donau gekämpft und dort meine Wunde empfangen; vor meinen Augen ist Alexander im Kampf gefallen.«

Da erhoben sich die Thebaner und erschlugen zwei Hauptleute der mazedonischen Wache, die König Philipp auf der Burg von Theben zurückgelassen hatte.

Rechte Seite:
Säulen des Apollotempels von Samothrake. Dem Gott Apoll fühlte Alexander sich mehr als allen anderen griechischen Göttern verbunden.

Sobald Alexander davon erfuhr, zog er in Eilmärschen gegen Theben. So rasch überwand er Gebirge, Flüsse und ebenes Land, daß niemand den Boten glaubte, die meldeten, Alexander und sein Heer seien im Anmarsch.

»Das werden griechische Söldner sein, die aus Asien heimkehren«, sagten die Redner, »Alexander ist tot«. Neue Boten kamen, und sie sagten: »Es ist Alexander, der heranrückt. Morgen wird er vor Theben erscheinen«, versicherten sie.

»Wer weiß, was für ein Alexander!« spotteten die Redner. »Vielleicht hat sich auf den mazedonischen Thron irgendein Alexander gesetzt – und den sollten wir fürchten?« Als am anderen Morgen der Totgeglaubte vor den Toren Thebens stand, war der Schrecken groß.

Alexander wollte die Thebaner schonen, wie sein Vater es getan hatte. Er verlangte nur, daß man ihm die ausliefern sollte, die das Volk mit falschen Reden aufgehetzt hatten, und die Mörder der beiden Hauptleute.

Die Thebaner weigerten sich. Sie machten einen nächtlichen Ausfall und erschlugen mazedonische Posten.

Da gab Alexander den Befehl zum Angriff. Die mazedonische Wache auf der Burg im Innern der Stadt fiel den Thebanern in den Rücken. Sie wurden besiegt. Viele Häuser brannten. Pferde ohne Reiter rasten durch die Straßen, die von Gefallenen bedeckt waren.

Alexander ließ die Stadt dem Erdboden gleichmachen. Nur das Haus, in dem der Dichter Pindar geboren war, und die Häuser von Mazedonenfreunden blieben stehen. Dreißigtausend Thebaner wurden in die Sklaverei verkauft.

Später bereute Alexander das Strafgericht über Theben. Als er hörte, Athen habe geflohene Thebaner in seine Mauern aufgenommen, bestand er nicht auf deren Auslieferung.

6
Alexander begegnet Diogenes und dem Orakel von Delphi

Die anderen Griechenstädte schickten nun Gesandtschaften zu Alexander, der von Theben nach Korinth gezogen war. Dort wurde zum zweitenmal der Zug gegen die Perser beschlossen. Alle Städte versprachen Reiter, Speerkämpfer und Bogenschützen zu stellen. Alexander wurde zum Heerführer gewählt wie sein Vater Philipp nach der Schlacht von Chäronea.

Aus ganz Griechenland kamen nach Korinth berühmte Künstler und Gelehrte, um Alexander zu bewundern. Als der weiseste Mann neben Aristoteles galt zu jener Zeit Diogenes, der in einer Tonne schlief, weil er allen Aufwand verschmähte. Zufällig war Diogenes zu der Zeit in Korinth. Alexander erwartete, daß auch er zu ihm käme; denn er hätte gerne des Weisen Meinung über den geplanten Zug nach Asien gehört. Doch Diogenes kam nicht.

Nun ging Alexander zu ihm in den Zypressenhain, in dem der Weise sich aufhielt. Diogenes saß auf der bloßen Erde, als Alexander an ihn herantrat und ihn fragte, womit er ihm eine Freude machen könne. Diogenes blickte flüchtig auf zum jungen König, dessen Schatten auf ihn fiel, und bat ihn: »Geh mir nur aus der Sonne!« Da sagte Alexander zu seinen Begleitern, die sich über den Weisen lustig machten: »Wäre ich nicht Alexander, so möchte ich Diogenes sein.«

Wegen des großen Zuges wollte Alexander auch das Orakel des Gottes Apoll zu Delphi befragen. Zu gewissen Stunden gibt der Gott durch den Mund einer Seherin Antwort: wenn Rauch aus dem Erdspalt dringt, über dem der Tempel erbaut ist. Es war aber keine Orakelstunde, als Alexander in Delphi ankam. Die Seherin weigerte sich, Alexander in den Tempel einzulassen. Doch im jungen König war der Wunsch, den Zug zu beginnen, so heftig, daß er in den Tempel eindrang und auf der Stelle eine Auskunft verlangte. Da sagte die Seherin: »Wer könnte dir widerstehen, mein Sohn!«

»Was brauche ich noch ein Orakel!« rief Alexander. »Habe ich nicht die gewünschte Weissagung durch den Mund der Seherin erhalten? Wenn niemand mir widerstehen kann, werde ich als Sieger aus Asien zurückkehren.«

7
Alexander weist die Abgesandten des Darios ab

Darios, der Großkönig von Asien, hielt sich für den König aller Könige. Alle Nachbarländer waren ihm tributpflichtig. Kein anderer Herrscher gebot über ein so gewaltiges Reich. Persien, Medien, Babylonien und Ägypten waren ihm untertan.

Er schickte seine Abgesandten auch nach Pella. Sie sollten von Alexander Tribut fordern wie die Abgesandten des Ochos von König Philipp.

Alexander empfing die Perser inmitten seiner Freunde und bewirtete sie. Als sie fröhlich waren und schon sicher des Tributs, erzählte Alexander ihnen eine Geschichte:

»Mein Vater, König Philipp, müßt ihr wissen, hielt unter seinem Thron ein Nest versteckt. In diesem Nest saß ein Huhn, das zur Hälfte schwarz und zur Hälfte weiß war. All die Jahre, in denen König Philipp auf dem Thron saß, legte das schwarzweiße Huhn jeden Tag ein goldenes Ei in das Nest unter dem Thron. So war es für König Philipp nicht schwer, den Abgesandten des Großkönigs von Asien einige Kästen mit goldenen Eiern mitzugeben, wenn sie aus Susa zu Besuch kamen. Nun fiel aber die schwarzweiße Henne beim Tode von König Philipp in tiefe Trauer. Ihr Kummer war so groß, daß sie darüber das Eierlegen verlernte. Bis auf den heutigen Tag hat sich das nicht geändert. Und daher, ihr Abgesandten des Königs Darios, ist diesmal in den Kästen nicht ein goldenes Ei.«

Alexander ließ drei Kästen bringen und die Deckel öffnen. Und siehe da, die Kästen waren leer.

»Ich fürchte«, sagte Alexander, »so wird es nun immer bleiben, denn die schwarzweiße Henne ist von ihrer Trauer nicht abzubringen.«

Da standen die Gesandten des Königs Darios auf. Ihre Gesichter waren rot vor Zorn. Und ihre Lippen waren inwendig von bösen Worten verschlossen, die sie nicht sprachen. Aber ihre Blicke sagten genug. Alexander behielt seine heitere Miene, und als die Abgesandten ihre Pferde bestiegen, trug er ihnen auf, dem Großkönig zu sagen, Mazedonen und Griechen seien von großem Eifer erfüllt, ihm bald einen Gegenbesuch abzustatten.

8
Alexander bricht zu seinem großen Zug auf

Bei Pella wurde nun das Heer für den großen Zug aufgestellt: Zehntausend Mazedonen, die mit Speeren und Schwertern kämpften; zweitausend mazedonische Reiter; dazu zweitausend griechische Reiter und zehntausend Söldner zu Fuß; fünftausend Bogenschützen und Krieger aus anderen Völkerschaften. Fünfunddreißigtausend Mann und fünftausend Pferde standen bereit, um gegen den Perserkönig zu ziehen, der über eine vielfache Übermacht gebot.

Vor Beginn des großen Zuges machte Alexander jedem seiner Freunde ein Geschenk. Dem einen schenkte er ein Landgut, dem andern ein Dorf aus dem königlichen Besitz, dem dritten ein Pferdegestüt, dem vierten die Einkünfte aus einem Hafen.

»Und was bleibt dir?« fragte ihn Perdikkas, einer seiner Heerführer.

»Die Hoffnung auf den Sieg«, sagte Alexander.

Da wies Perdikkas das Geschenk Alexanders zurück und sagte: »Diese Hoffnung will ich mit dir teilen – sonst nichts.«

Alle wollten nun ihre Geschenke zurückgeben.

Es war Frühling, als Alexander von seiner Mutter Olympias und dem weisen Aristoteles Abschied nahm. Das Land stand in voller Blüte. Vor dem Heer breitete sich ein leuchtender Teppich aus.

Nach zwanzig Tagen kam Alexander an die Küste, die von Asien nur einen Blick weit entfernt ist. Mehr als hundert Jahre zuvor hatte der Perserkönig Xerxes hier zwei Schiffbrücken gebaut, um seine ungeheure Streitmacht nach Europa hinüberzuführen, die Tempel der Griechen zu zerstören und Athen zu verbrennen. Zweimal hatte das stürmische Meer die Schiffbrücken abgeschüttelt, und Xerxes hatte die Fluten zur Strafe auspeitschen lassen.

Nun stand Alexander bereit, die Untaten der Perser zu rächen. Auf hundertsiebzig großen Ruderschiffen und zahllosen Lastkähnen setzte das Heer unter Parmenion an der schmalsten Stelle über die Meerenge.

Alexander steuerte das Schiff, das ihn und seine Gefährten und Bukephalos trug, zur trojanischen Küste: in eine Bucht, die bis heute der Hafen der Achäer genannt wird. Ins Meer warf Alexander eine goldene Schale und eine Lanze ins fremde Land, als er nahe genug war. Die Lanze fuhr tief in den Boden, und Alexander sprang ihr vom Bug seines Schiffes nach.

Wo er zuerst den Boden Asiens betrat, ließ er Altäre errichten. Dann zog er mit seinen Freunden nach Troja, um das Andenken der homerischen Helden zu ehren. Alexander und sein engster Freund Hephaistion schmückten die Gräber des Achill und seines Freundes Patroklos. Wettkämpfe wurden zu ihrem Ruhm abgehalten. Auch der Besiegten gedachte Alexander: des Trojanerkönigs Priamos wie auch des edlen Hektor, den Achill im Kampf getötet und in rasendem Zorn um die Mauern von Troja geschleift hatte.

Als Alexander Troja verließ, befahl er, die Stadt, die seit tausend Jahren in Trümmern lag, wieder aufzubauen.

Dann bestieg er Bukephalos und ritt zu seinem Heer.

9
Alexander siegt am Granikos

Am Granikos standen Satrapen des Perserkönigs mit vielen Soldaten und Reitern bereit, um die Mazedonen und Griechen aufzuhalten. Dem Großkönig dienten auch griechische Söldner. Sie wurden von Memnon befehligt. Dieser Feldherr gab den persischen Satrapen einen Rat, den sie übel aufnahmen. Memnon sagte: »Wir müssen Alexander ausweichen und dafür sorgen, daß sein Heer zusammenschmilzt, bevor es zu einer Schlacht kommt. Alexander darf auf seinem Wege nichts finden, was ihm nützen kann. Seine Soldaten, die nach Beute lechzen, müssen leer ausgehen. Asien ist unermeßlich, und wenn wir die Angreifer weit genug vordringen lassen, werden sie nur noch an Umkehr denken und an Alexander verzweifeln. Dann werden wir über sie herfallen, Wölfe über eine verrottete Herde. Laßt uns einen Teil von Asien preisgeben, die Häuser verbrennen und die Felder zerstampfen – dann wird der Großkönig ganz Asien behalten.«

So sprach Memnon. Aber die Satrapen trauten ihm nicht. Es ging gegen ihren Stolz, ohne Kampf zurückzuweichen. Und so blieb das Perserheer am Granikos, einem kleinen Fluß, der auf dem Berg Ida entspringt und nach kurzem Lauf in das Meer fließt, das Europa von Asien trennt. Alexander ließ sein Lager auf der anderen Seite des Flusses aufschlagen.

Auch im Heer der Mazedonen riet ein erfahrener Feldherr vom Kampf ab – Parmenion. Er sagte: »Die Perser haben zu viele Vorteile. Sie halten ein Steilufer besetzt. Der Granikos ist reißend und an vielen Stellen tief. Zu viele der Unsern würden beim ersten Angriff fallen.«

Alexander aber sagte: »Wir haben das Meer überquert; es müßte sich schämen, wollten wir einem kleinen Fluß die Ehre antun, ihn zu fürchten.«

Parmenion brachte weitere Bedenken vor: »Wir haben den Monat Mai, und nach altem Herkommen ziehen wir Mazedonen im Mai nicht in eine Schlacht.«

»So werden wir in diesem Jahr den April doppelt zählen«, sagte Alexander. »Noch heute werden wir angreifen.«

Nun war aber bereits der Nachmittag angebrochen. Die Sonne war im Sinken. Parmenion warnte: »Die Sonne zeigt uns, daß es für eine Schlacht zu spät ist.«

Alexander erwiderte: »Die Sonne ist in den Westen gerückt und auf unsere Seite übergegangen. Sie wird ihre goldenen Pfeile dem Feind ins Gesicht schießen, nicht uns.«

Alexander ließ seine Speerkämpfer den Fluß überschreiten und das andere Ufer ersteigen. Die Reiter der Perser standen in vorderster Linie. Die Pferde waren zwischen dem Ufer und dem Fußvolk eingekeilt. Als ein Wald von Speeren zu den Pferden aufstieg, versuchten sie auszubrechen. Die mazedonische Reiterei dagegen griff wie eine Zange zu, und Alexander stieß mit seinen Begleitern bis zu den Satrapen vor. Zwischen den Führern auf beiden Seiten kam es zum Handgemenge. Im dichtesten Getümmel leuchtete Alexanders weißer Helmbusch auf. Eine Wurflanze traf ihn am Verschlußstück seines Panzers und prallte ab. Eine zweite Lanze verwundete ihn an der Schulter. Der Satrap Mithridates fiel von Alexanders Hand. Da barst der Helm des Königs von einem Säbelhieb des Satrapen Rhosakes. Alexander durchstieß ihn mit seiner Lanze. Ein dritter Satrap holte zu einem Hieb aus, der Alexander galt. Im letzten Augenblick schlug Kleitos, einer von Alexanders Vertrauten, dem Satrap den Schwertarm ab und rettete dem König das Leben.

Da flohen die Perser. Nur wenige Stunden hatte die Schlacht am Granikos gedauert. Das Tor zum Perserreich war aufgestoßen. Parmenion, Kleitos, Krateros und Hephaistion, Philotas und alle anderen Heerführer drängten Alexander, nun gleich nach Susa und Persepolis zu ziehen.

Alexander aber wandte sich nach Süden. Er wollte alle Küstenstädte und Häfen in seinen Besitz bringen und erst dann ins Innere Asiens eindringen.

Die meisten Städte öffneten ihre Tore bereitwillig. In den Städten wohnten Griechen, über die der Perserkönig Perser gesetzt hatte. Nun waren sie froh, das fremde Joch abzuwerfen.

Milet wurde im Sturm genommen. Auch um Halikarnaß

mußte Alexander kämpfen. Er rechnete wegen der starken Mauern und Türme mit einer langen Belagerung. Da führten zwei Mazedonen den raschen Fall der Stadt herbei.

Sie saßen in ihrem Zelt beim Wein. Als sie sich Mut angetrunken hatten, ergriffen sie ihre Waffen, stellten sich vor einem der Tore von Halikarnaß auf und begannen die Verteidiger durch Schimpfreden herauszufordern. Fünf von ihnen kamen vor das Tor, um die Mazedonen davonzujagen. Doch die beiden Streithähne wichen nicht. Andere Mazedonen kamen ihnen zu Hilfe. Und als an die hundert Verteidiger einen Ausfall machten, drangen im Getümmel Mazedonen in die Stadt ein und eroberten sie.

10

Alexander löst den Gordischen Knoten

Alexander nahm auch Gordion in Besitz. Ein König gleichen Namens hatte die Stadt in alter Zeit erbaut. Der Sohn dieses Königs war Midas. Ihm erfüllten die Götter jeden Wunsch. Als er sie bat, sie möchten alles, was er berührte, zu Gold werden lassen, gewährten sie ihm sogar dies. Da wurde auch das Brot, das er anfaßte, zu Gold, und Midas sah ein, daß sein Wunsch vermessen war.

Einmal strafte ihn der Gott Apoll, weil Midas sich bei einem musikalischen Wettstreit als unfähiger Richter erwies. Apoll ließ ihm Eselsohren wachsen. Midas versteckte sie unter einer hohen Haube, und nur der Mann, der ihm die Haare schnitt, wußte um dies Geheimnis. Der König verbot ihm bei Strafe, es irgendeinem Menschen zu verraten. Da grub der Mann ein Loch in die Erde und flüsterte hinein: »Eselsohren hat der König!« Die Grube scharrte er zu. Bald wuchs an dieser Stelle Schilf, das im Wind zu flüstern anfing: »Eselsohren hat der König!« Und so wurde das Geheimnis bekannt.

Die Götter hatten Midas einen Wagen geschenkt, dessen

Deichsel mit einem Seil aus dem Bast der Kornelkirsche befestigt war. Der Knoten war so kunstvoll geknüpft, daß niemand die Enden finden konnte. Nach altem Glauben sollte dem, der den Knoten lösen konnte, die Herrschaft über Asien zufallen. Alexander versuchte den Knoten aufzumachen. Lange bemühte er sich vergeblich. Auf den Gesichtern seiner Begleiter zeigte sich Besorgnis darüber, daß er sich in ein solches Wagnis eingelassen habe.

Schließlich zog Alexander sein Schwert und hieb den Knoten durch. Die Enden des Seiles, die nun zum Vorschein kamen, deuteten auf ihn.

Alle, die das sahen, glaubten das Orakel erfüllt. Noch dazu erschien am heiteren Himmel eine Wolke, aus der ein Blitz fiel, was von allen als Zeichen göttlicher Zustimmung genommen wurde.

11

Alexander erkrankt gefährlich

Über das Tauros-Gebirge rückte Alexander in Kilikien ein. Die Flüsse, die das Land durchziehen, bleiben auf ihrem ganzen Lauf so kühl und klar, wie sie aus den Quellen kommen.

Der schönste von diesen Flüssen ist der Kydnos. Er schimmert so hell, als seien im Flußbett Laken gebreitet. Vom Gebirge bis zum Meer fließt der Kydnos über einen Kiesgrund, den kein Wildbach mit Schlamm trübt.

Alexander sprang, von einem Ritt erhitzt, in den Fluß. Er tauchte in Eiseskälte. Der Atem blieb ihm stehen. Das Blut wich aus seinem Gesicht, Arme und Beine erstarrten. Der König wäre ertrunken, hätten nicht einige Beherzte ihn aus dem Fluß geholt.

Als sie ihn zu seinem Zelt trugen, waren seine Augen voll Angst. Er konnte nicht sprechen. Im Zelt lag Alexander lange besinnungslos.

Stunden vergingen, ehe er die Augen öffnete. Erst am folgenden Tag konnte er wieder sprechen. Der Arzt Philipp verordnete einen weiteren Tag völliger Ruhe. Dann wollte er durch einen heilkräftigen Trank die Genesung in Gang bringen.

»Er wird sehr heftig wirken«, sagte Philipp zu Alexander. »Du wirst noch einmal das Bewußtsein verlieren und wie ein Toter daliegen.« Alexander willigte ohne Zögern in den Vorschlag des Arztes ein.

Da erhielt er am andern Morgen von Parmenion einen Brief, den ein Reiter in größter Eile überbrachte. Parmenion warnte Alexander vor dem Arzt. Ihm habe Darios tausend Talente versprochen für den Fall, daß er Alexander töte. Im Becher werde nicht ein Heiltrank sein, sondern Gift. So schrieb Parmenion.

Alexander hielt den Brief in der Hand, als Philipp zu ihm ins Zelt trat, und als er den Becher nahm, gab er dem Arzt den Brief zu lesen. Alexander trank den Becher leer. Philipp erbleichte. Aber er wich dem Blick des Königs nicht aus und sagte: »Sei unbesorgt! Dieser Trunk wird dich retten. Wie sollte ich dem Leben, das ich schon so lange bewache, auf tückische Weise ein Ende setzen wollen! Der Eifer Parmenions ist blind. Parmenion ist selbst das Opfer eines Anschlags geworden. Der Perserkönig hat ihm den Sinn vergiftet.«

Alexander beruhigte Philipp: »Nie habe ich dir mißtraut.« Alles kam so, wie es der Arzt vorausgesagt hatte. Der König wurde noch einmal von Frostschauern und Krämpfen niedergeworfen. Nach drei Tagen aber konnte er aufstehen. Und als er mit Philipp vor das Zelt trat, grüßte das Heer ihn und seinen Retter stürmisch.

Nun befahl Alexander, das Lager abzubrechen und dem Großkönig von Asien, der mit einem gewaltigen Heer anmarschierte, entgegenzuziehen. Im Süden führten drei Pässe aus Kilikien heraus. Das anmutige Land konnte leicht zu einem Hinterhalt werden, falls die Pässe verriegelt wurden. Doch fanden Alexanders Späher den Gebirgsgrat unbewacht.

Im Gebirge besuchte Alexander eine Höhle. In ihr hatte zu der Zeit, als zwischen Göttern und Ungeheuern um den Besitz der Erde gerungen wurde, ein Ungeheuer namens Typhon gehaust. Ihm war es gelungen, Zeus zu überfallen und in seine Höhle zu schleppen. Dort zog er dem mächtigsten der Götter die Sehnen aus Händen und Füßen und hing sie vor den Augen seines Gefangenen an der Höhlenwand auf. So verspottete er Zeus: »Nicht einmal Fesseln braucht es, um dich zu binden.«

Unbesorgt verließ Typhon die Höhle zu neuen Untaten. Da schlichen sich Hermes, der listenreiche Gott der Händler und Diebe, und Pan, der Gott der Fluren und Gebirge, in die Höhle und setzten dem Zeus die Sehnen wieder ein. Und Zeus war stärker als je zuvor. Als Typhon zurückkam, warf der Gott ihn nieder und zerschmetterte ihn in einem Abgrund.

Alexander brachte Zeus in der Höhle ein Opfer, auf daß er dem Heer der Griechen den Sieg über den asiatischen Koloß verleihe. Dann zog der Mazedonenkönig mit seinen Soldaten durch den Paß, der seit alter Zeit den Namen Löwentor trägt.

12

Alexander siegt bei Issos

Durch benachbarte Täler zogen die feindlichen Heere aneinander vorbei: die Mazedonen landeinwärts, die Perser ans Meer. Und als es am folgenden Tage zur Schlacht kam, standen die Perser mit ihren Gesichtern gegen Persien, die Mazedonen gegen Mazedonien. Dem Heer Alexanders war der Rückweg abgeschnitten. Das Heer des Darios aber war zwischen Gebirge und Meer eingepfercht. Auf einem öden Küstensaum mit Weiden, Heide und Moor kam es zur Schlacht von Issos.

Als die Heere mit Geschrei und Waffenklirren aufeinander losrückten, brach sich der Widerhall am nahen Gebirge. Die Felswände brüllten mit.

Die Reiter und Speerkämpfer Alexanders stürzten sich auf den Feind, der sie umgangen hatte, und drangen im ersten Ansturm tief in die Reihen der Perser ein.

Darios erschrak beim Anblick Alexanders. Der Bruder des Großkönigs und die Befehlshaber stellten sich dem Mazedonen in den Weg, und Alexander wurde an der rechten Hüfte verwundet.

Da durchbohrten mazedonische Wurflanzen die Pferde, die den Streitwagen des Darios zogen, und die Pferde versuchten auszubrechen. Darios wurde vom Wagen geschleudert. Er warf den Königsmantel ab und riß die blauweiße Binde vom Kopf. Im Getümmel entkam er auf einem der Reitpferde, die für ihn bereitgehalten wurden. Rasch verbreitete sich im Perserheer die Nachricht, Darios sei geflohen. Nun versuchten alle, die noch lebten, dem Verderben zu entrinnen. Alexander verfolgte mit tausend Reitern die Flüchtigen. Erst mit Einbruch der Nacht kehrte er zurück.

Auf Alexander wartete mit unerhörten Kostbarkeiten das königliche Zelt. Als er es besichtigt hatte, sagte er: »Nun wollen wir uns den Schweiß der Schlacht im Bad des Darios abwaschen.«

»Im Bad Alexanders«, verbesserte ihn sein Freund Hephaistion. »Dies alles ist nun dein. Dem es gehört hat, der ist geflohen.«

Die kostbarste Beute, die der fliehende Großkönig Alexander überlassen hatte, war die königliche Familie: die Königinmutter Sisygambis, die Königin Stateira, zwei Töchter und der Sohn des Darios. Die Frauen mußten fürchten, der Sieger werde sie besonders schimpflich behandeln; denn so war es Kriegsbrauch. Alexander aber stellte das Zelt der königlichen Gefangenen unter seinen Schutz. Sie behielten ihre Dienerschaft und alles, was ihnen gehörte.

Die Nacht war vom Siegesjubel der Griechen und Mazedonen erfüllt. Plötzlich erhob sich aus dem Zelt der Königin so schriller Jammer, daß Alexander erschrocken auffuhr. Da kam die Nachricht, die Frauen glaubten, Darios sei gefallen. Auf dem Schlachtfeld waren Königsmantel und Königsbinde gefunden worden, beides von Blut benetzt. Alexander ließ den Frauen sagen, sie sollten um den König nicht besorgt sein. Er sei entkommen.

Am nächsten Tag besuchte Alexander mit Hephaistion die Frauen. Die Mutter des Darios warf sich Hephaistion zu Füßen, weil sie ihn für Alexander hielt. Als sie ihren Irrtum erkannte, blickte sie den König erschrocken an. Alexander aber hob sie auf und sagte, auf Hephaistion deutend: »Du hast dich nicht geirrt, Mutter – auch er ist Alexander.«

Da sprach Sisygambis: »Du bist ein König und verdienst es, daß wir für dich die Gunst der Götter erbitten, wie wir es für König Darios getan haben. Du hast ihn an Milde übertroffen und auch an Glück.«

Alexander tröstete sie und gab den königlichen Frauen Geschenke. Den kleinen Sohn des Darios nahm er auf seinen Arm. Und das Kind fürchtete sich nicht vor dem fremden Mann, den es noch nie gesehen hatte und dessen Worte es nicht verstand. Von der Unerschrockenheit des Kindes gerührt, sagte Alexander zu Hephaistion: »Ich wollte, auch sein Vater wäre nicht vor mir davongelaufen.«

Den Frauen versprach er, daß kein Grieche oder Mazedone das Zelt in Zukunft betreten werde. Auf dem Schlachtfeld ließ Alexander drei Altäre errichten. Dann zog er mit dem Heer nach Syrien.

13
Alexander schickt Parmenion nach Damaskus

Parmenion wurde nach Damaskus vorausgeschickt. Er sollte versuchen, sich des Schatzes zu bemächtigen, den Darios vor der Schlacht dorthin geschickt hatte.

Unterwegs trafen die Mazedonen einen Mann, der einen Brief des Statthalters von Damaskus an Alexander überbringen sollte. Der Statthalter bat Alexander, so rasch wie möglich Reiter zu schicken. Ihnen werde er den königlichen Schatz ausliefern.

Parmenion erklärte dem Boten, er habe diese Reiter vor sich, und schickte ihn nicht zu Alexander weiter, sondern nach Damaskus zurück. Der Bote aber versuchte auf einem Umweg zu Alexander zu gelangen.

Dadurch verzögerte sich seine Rückkehr, und der Statthalter wurde unsicher. Auf keinen Fall wollte er den Schatz länger in der Stadt behalten, auch nicht die Vornehmen, die Darios seinem Schutz anvertraut hatte.

Ihnen redete der Statthalter ein, er habe die Absicht, sie samt dem Schatz auf sicheren Wegen ins Innere Asiens geleiten zu lassen. In Wahrheit aber wollte er sie an Alexander verraten.

Unter einem schwarzen Winterhimmel zogen Menschen, Pferde, Dromedare und Saumtiere dahin. Am zweiten Tag brach ein Schneesturm los. Der Weg verschwand unter einer weißen Decke. Bäume und Sträucher tauchten gleich Gespenstern aus dem treibenden Schnee. Beißende Kälte drang durch die dünnen Kleider. In dieser Not erbrachen Vornehme wie Lastträger die Schatztruhen, in denen schwere Prachtgewänder und kostbare Teppiche waren, und sie hüllten sich in königlichen Purpur. Durch die winterliche Öde bewegte sich ein Zug von unerhörter Pracht.

Auf ihn stieß Parmenion mit seinen Reitern. Vom Glanz der Gewänder getäuscht, glaubten die Mazedonen Bewaffnete vor sich zu haben, und Parmenion gab den Befehl zum Angriff. Die Verfolgten warfen die kostbaren Hüllen ab. Saumtiere und Dromedare wurden zu wilder Flucht fortgerissen und verloren ihre Bürde.

So lag der ungeheure Schatz schließlich über das winterliche Feld verstreut, zerfetzte Gewänder hingen an Sträuchern, Schmuck, goldene Gefäße und Zäume, Prunkwaffen und der Sold für ein Riesenheer fanden sich in Schnee und Schlamm getreten, dazu purpurne Zelte und Gewänder, starrend von Goldstickerei. Die Reiter Parmenions hatten nicht Hände genug, alles zu sammeln.

Die Summe des geprägten Goldes betrug zweitausendsechshundert Talente. Der Wert des verarbeiteten Goldes und Silbers war unschätzbar.

Von den Vornehmen, die den Zug begleitet hatten, entkamen nur wenige zu Darios.

14
Alexander gibt Darios Antwort auf einen Brief

Der Perserkönig hatte sich auf seiner Flucht hinter den Euphrat gerettet. Er kannte die Größe Asiens, und so blieb ihm bei allem Unglück die Hoffnung, Alexander in einer neuen Schlacht den Sieg zu entreißen. Zwar hatte Darios ein Heer verloren; und was ihm am teuersten war, wußte er in der Hand des Feindes. Aber vom Perserreich war den Mazedonen bisher nur ein kleiner Teil zugefallen. Darios fühlte sich weiter als Großkönig; denn noch war er Herr über unermeßliche Länder.

An Alexander schickte er Boten, die ihm einen Zügel, einen Ball, eine goldgefüllte Truhe und einen Sack voll Mohnsamen überbrachten, dazu einen Brief. Der Perserkönig schrieb an Alexander: »Darios, der Freund der Götter, fordert von dir zurück, was du mir geraubt hast, Länder und Städte, Schätze und Waffen, dazu meine Mutter, die Königin und ihre Kinder. Du aber kehre heim zu deiner Mutter. Ich habe dir einen Zügel geschickt, damit du dich zügeln lernest; einen Ball, damit du mit ihm spielest als ein Knabe, der noch nicht alt genug ist, um König zu sein; eine Truhe mit Gold, daß du und deine Soldaten auf dem Heimweg nicht Not leiden; und einen Sack mit Mohnsamen, damit du zählen mögest, wie zahlreich die Krieger sind, die mir zu Gebote stehen.«

Alexander empfing diesen Brief und die Gaben des Darios und zeigte alles seinem Heer. Als er den Brief vorlas, lachten Mazedonen und Griechen so, daß die Boten des Darios erschraken. An den Perserkönig gab Alexander einen Brief mit, in dem zu lesen stand: »Ich bin nach Asien gekommen, um die Freveltaten der Perser an den Griechen zu rächen und dich, Darios, für vielfache Anstiftung zum Mord zu bestrafen. Daß du der Götter Freund seiest, kann ich nicht glauben; denn sie haben mir den Sieg gegeben, nicht dir. Daher wenn du künftig an mich schreibst, so schreibe an den König von Asien und deinen Herrn. Wenn du in Ergebenheit zu mir kommst, so werde ich dir deine Mutter, die Königin und deine Kinder freigeben.

Glaubst du aber, daß die Sonne zu deinem und nicht zu meinem Glück aufgehen wird, so wage eine neue Schlacht und fliehe nicht wieder!«

Mit diesem Brief entließ Alexander die Boten des Darios, und er gab ihnen ein Pfefferkorn mit und sagte: »Laßt Darios wissen, daß ich die Zahl der Mohnsamen groß gefunden habe; als ich aber welche von ihnen mit meinen Zähnen zerbiß, fand ich sie weichlich und ohne Kraft. Darios möge es mit dem Korn versuchen, das ich ihm sende. Und sagt ihm: Der Ball, den er mir geschickt hat, ist mir ein Zeichen, daß der Erdball in meine Hand fallen wird. Die Zügel sind mir ein Zeichen, daß ich die Völker des Darios am Zügel halten werde. Und das Gold in der Truhe nehme ich als ein Zeichen für den Tribut, den er mir zahlen wird, solange er lebt.«

Da stiegen die Abgesandten des Darios in großer Eile auf ihre Pferde, um an den Euphrat zu reiten.

15
Alexander setzt einen König ein

Alexander zog weiter nach Phönizien. Abgesandte vieler Phönizierstädte kamen entgegen und übergaben dem König goldene Kränze als Zeichen freiwilliger Unterwerfung. Auch die mächtige Stadt Byblos sandte einen Kranz. Die Stadt Sidon wurde von König Strato an Alexander übergeben. Doch tat Strato dies nicht aus eigenem Antrieb, sondern weil die Bewohner der Stadt ihn dazu nötigten. Als Alexander das erfuhr, setzte er Strato ab. Er gab Hephaistion den Auftrag, unter den Sidoniern den Würdigsten zu suchen und ihn als König einzusetzen.

Angesehene Bürger führten Hephaistion zu einem Mann, der Abdalon hieß. Sein Geschlecht ging auf die Gründer der Stadt zurück. Abdalon arbeitete als Gärtner bei einem Reichen. In aller Dürftigkeit war er zufrieden. Da traten Hephaistion und seine Begleiter zu Abdalon in den Garten, in dem er eben Unkraut jätete, und begrüßten ihn als König. Sie hatten das Königskleid dabei, und einer sagte: »Nimm dieses Gewand und gib uns deinen Gärtnerkittel! Alexander hat dich in das Amt eingesetzt, das deine Vorfahren so lange innehatten.«

Abdalon blickte verwirrt auf Hephaistion und die Männer, die er kannte. Alles erschien ihm wie ein Traum oder ein trügerisches Spiel. Sie wuschen ihm die Erde von Händen und Füßen, zogen ihm das Purpurgewand an und führten ihn unter dem Jubel des Volkes in den Königspalast. Die Reichen in der Stadt waren mit dieser Wahl nicht zufrieden. Alexander hörte davon und lud Abdalon zu sich ein. Er war überrascht von der Würde, mit der Abdalon auftrat, und fragte ihn: »Wie war es dir möglich, so geduldig in Armut zu leben?«

»Da ich wenig besaß«, sagte Abdalon, »hatte ich wenig Sorgen.«

»Du wirst ein guter König sein«, sagte Alexander.

16

Alexander erobert Tyros und Gaza

Die mächtigste unter allen Phönizierstädten war Tyros. Eine Königin von Tyros hatte einst Karthago gegründet, und jedes Jahr erschienen Karthager in ihrer Mutterstadt, um das große Ereignis zu feiern.

Tyros war eine Stadt aus zwei Städten.

Das alte Tyros lag auf dem Lande, das neue draußen im Meer auf einer Insel. Noch nie war das neue Tyros mit Gewalt eingenommen worden. König Nebukadnezar hatte die Inselstadt dreizehn Jahre vergeblich belagert.

Als nun Alexander darauf bestand, im Tempel des neuen Tyros dem Herakles ein Opfer zu bringen, sperrten sich die Tyrer diesem Wunsch.

»Auch im alten Tyros ist ein Tempel für Herakles«, erklärten sie.

Da wurde Alexander zornig und drohte, er werde durch verschlossene Tore ins neue Tyros eindringen.

»Im Traum hat mir Herakles über die Stadtmauer hinweg die Rechte gereicht und mich in den Tempel geführt«, ließ er verkünden.

Das vernahmen die Tyrer mit Schrecken. Und als einem Vornehmen in der Stadt der Gott Apoll im Traum erschien und ihm sagte, er werde zu Alexander übergehen, war die Bestürzung so groß, daß die Priester das Bild des Apoll mit Ketten umschlossen und es auf dem Sockel festnagelten.

Trotz dieser schlimmen Vorzeichen waren die Tyrer zum Widerstand entschlossen. Sie vertrauten der Meerenge, die tief war. Eine starke Strömung durchzog sie, besonders wenn der Wind aus Afrika kam.

Alexander faßte den Plan, einen Damm aufzuschütten, der das feste Land mit der Insel verbinden sollte. Als die Tyrer davon erfuhren, lachten sie über das Vorhaben. Woher sollten Steine genug genommen werden, ein so ungeheures Bauwerk auf dem Grund des Meeres aufzuführen?

Alexander fand die Steine, die er brauchte. Er ließ das alte Tyros abbrechen und ins Meer tragen. Er ließ Zedern im Libanon fällen und aus Steinbrüchen Felsbrocken heranschaffen. Er selbst trug auf seinen Schultern Steine, um die Lastträger anzufeuern.

In sieben Monaten wuchs eine Straße ins Meer, immer wieder von Stürmen unterwühlt und von den Tyrern mit Rammschiffen beschädigt. Schließlich reichte ein sechzig Schritt breiter Damm bis an die Insel heran. Hölzerne Belagerungstürme ragten unmittelbar vor der Stadtmauer auf, so hoch wie die Mauer. Die erbitterten Tyrer ließen zwei Schiffe, mit brennendem Erdpech beladen, gegen die Türme prallen und steckten sie in Brand. Sie wurden zum zweitenmal gebaut.

Inzwischen waren achtzig Phönizierschiffe zu Alexander übergegangen. Griechische Schiffe kamen dazu. Alexander konnte von drei Seiten zugleich angreifen. Und obgleich sich die Tyrer mit sichelbesetzten Balken, glühenden Schilden, Erdpechfackeln und Harpunen verzweifelt wehrten, wurden Breschen in die Mauern gelegt.

Tyros fiel, von der Tochterstadt Karthago und anderen Phönizierstädten im Stich gelassen. Auch vom neuen Tyros blieb kein Stein auf dem andern.

Um Gaza, die mächtigste Stadt Syriens, einzunehmen, ließ Alexander Rampen aus Erde und Steinen bis zur Höhe der Mauern aufführen und Stollen unter der Erde in die Stadt vortreiben.

Alexander stand auf einer Rampe, als seinen Helm ein Erdklumpen traf, den ein Rabe aus großer Höhe fallen ließ. Der Rabe stürzte dem Klumpen nach, als wollte er sehen, was er angerichtet habe. Dabei verfing er sich in den Stricken einer Belagerungsmaschine.

Da der Rabe als ein Vogel der Weissagung galt, rief Alexander den Seher Aristander, dem er großen Glauben schenkte, und befragte ihn über den Vorfall. Aristander legte die Zeichen so aus, daß Alexander zwar die Stadt einnehmen, doch dabei in Gefahr geraten werde.

So kam es. Alexander wurde durch einen Pfeil verwundet, der tief in seine linke Schulter eindrang. Eine Woche später aber wurde auch Gaza erobert.

17
Alexander erweist sich als Freund der Juden

Während Alexander Tyros und Gaza belagerte, schrieb er an alle Städte in den Nachbarländern, daß sie ihm helfen sollten. Er schickte auch an Jodus, den obersten Priester in Jerusalem, einen Brief. Die Stadt sollte ihm Tribut senden wie zuvor an Darios; und auch Korn und Fleisch, da die Soldaten in Alexanders Heer nicht genug zu essen hatten.

Jodus fragte die anderen Priester um Rat. Dann schrieb er an

Alexander: »Ich habe dem Perserkönig einen Eid geschworen, ihm zu dienen, solange er lebt.«

Als aber Alexander Tyros und Gaza genommen hatte und gegen Jerusalem rückte, zitterten die Juden vor seinem Zorn und riefen den allmächtigen Gott um Hilfe an. Als Jodus im Tempel betete, sprach eine Stimme zu ihm: »Öffne die Tore der Stadt und zieh Alexander entgegen! Setz auf dein Haupt den goldenen Stirnreif mit meinem Namen!« Und Jodus zog mit vielen Begleitern Alexander entgegen bis zu dem Hügel, von dem aus Jerusalem zu sehen ist.

Der Zorn Alexanders verflog, als er des Hohepriesters ansichtig wurde. Er stieg vom Pferd und ging ihm entgegen und verneigte sich. Die Vertrauten sahen einander betroffen an und dachten, ihr König sei behext. Parmenion trat zu Alexander und sagte: »Weißt du nicht mehr, daß du den strafen wolltest, vor dem du dich verneigt hast?«

Da sagte Alexander: »Nicht vor ihm habe ich mich verneigt, sondern vor seinem Gott.« Und zu Jodus sagte er: »Ich will in Frieden mit euch leben und euch eine Gunst gewähren.«

Da sprach Jodus: »Für uns Juden ist der siebente Tag Gottes Tag. Gewähre uns darum, daß jedes siebente Jahr frei sei von Tribut, Zins oder Steuer. Gib uns Brief und Siegel darauf!«

Und Alexander gewährte den Juden, wo immer sie auch wohnten, diese Freiheit.

Nun wollten auch Juden im Heer Alexanders dienen. Und er stellte Juden ein, darunter Mosolam, der als bester Bogenschütze der Juden galt. Auf hundert Schritt konnte dieser Mosolam eine Mütze treffen, die einer in die Luft warf.

Als Alexander mit seinem Heer weiter nach Süden zog, murrten nicht wenige, weil sie auch noch Ägypten erobern sollten, während der Herr von Asien und Ägypten weit im Osten in seinem Palast zu Susa saß.

Sogar die Seher sagten, nach den Zeichen sei es besser, nach Osten statt nach Süden zu ziehen. Als zum dritten Male ein Rabe von Süden heranflog und über dem Haupt Alexanders seinen Flug nach Osten wandte, schoß Mosolam diesen Vogel, daß er tot vor Alexanders Füße fiel.

Die Seher waren entsetzt, und Aristander erklärte die Tat des jüdischen Bogenschützen zum Frevel.

Mosolam aber hob den getroffenen Raben von der Erde auf und sagte: »Wie kann dieser Vogel über das Schicksal eines Königs und seines Heeres Auskunft geben, da er nicht einmal sein eigenes weiß! Wäre er sonst an die Stelle geflogen, an der ihn mein Pfeil traf?«

Da lobte Alexander Mosolam wegen seiner Tat und seiner Worte und behielt ihn künftig in seiner Nähe. Beruhigt setzte das Heer den Zug nach Ägypten fort.

18
Alexander gründet Alexandrien

Zehn Jahre vor Alexander war der Perserkönig Ochos nach Ägypten gezogen. Er hatte unter den Ägyptern so großen Schrecken verbreitet, daß sich der Nil verfärbt hatte. Der heilige Apisstier war von Ochos wie ein Stück Vieh erschlagen worden.

Alexander wurde als Befreier begrüßt. Die Städte öffneten ihm die Tore. Im Triumphzug führten ihn die Ägypter nach Memphis, wo der Nil sieben Arme ausbreitet, um nach dem Meer zu greifen.

Im Tempel empfing Alexander die Kronen der beiden Länder Ober- und Unterägypten und die Titel, die der Pharao trägt. In den Augen der Ägypter war er nun ein Sohn der Sonne.

Alexander machte keinen Unterschied zwischen Griechen und Ägyptern, und er setzte die Götter der Griechen mit den Göttern der Ägypter gleich: Ammon dem Zeus, Horus dem Apoll. Beim Opfer, das er dem Apisstier brachte, gedachte Alexander des Stiers, der die Königstochter Europa aus Asien über das Meer nach Kreta getragen hatte, wo sie dem Zeus drei Söhne gebar, unter ihnen den weisesten aller Könige: Minos.

Um die Ägypter zu ehren und Griechen und Mazedonen an

ihre Heimat zu erinnern, ließ Alexander die besten griechischen Künstler und Wettkämpfer aus Griechenland kommen. Im Schatten der Pyramiden wurden Spiele und Wettkämpfe gefeiert wie in Olympia. So stiftete Alexander Freundschaft zwischen den Völkern.

Von einer Abteilung aus Bogenschützen und Reitern begleitet, zog der König den Nilarm hinab, der am weitesten nach Westen ausgreift. Als er an das Meer kam, sah er, daß hier die Küste einen Hafenplatz anbietet, wie es keinen besseren im ganzen Mittelmeer gibt.

Die kleine Insel Pharos schützt das Land bei Stürmen gegen den Anprall der Wogen. Eine Landzunge trennt eine geräumige Bucht vom Meer. Im Innern des Landes tut sich ein See als Binnenhafen auf. Im Meer fließt ein verborgener Strom, der von West nach Ost zieht. Er führt den Nilschlamm weg, und so behält der Hafen immer die gleiche Tiefe.

Als Alexander zu der kleinen Insel hinüberblickte, kamen ihm Verse aus der Ilias in den Sinn. Im Buch Homers heißt es:

> Dann kommt eine der Inseln im vielauswogenden Meere.
> Vor des Ägyptens Strom, und Pharos wird sie genannt.

Alexander sprach diese Worte laut und sagte zu seinen Begleitern: »Einen besseren Ratgeber als Homer können wir uns nicht wünschen.«

Er ging gleich daran, eine Stadt, einen Hafen, einen Damm und einen riesigen Leuchtturm für die Insel Pharos zu entwerfen. Mit Gerstengraupen wurde der Plan auf die schwarze Erde, die der Nil aus dem Innern Afrikas herangebracht hat, gezeichnet. Der Grundriß der Stadt bekam die Form eines mazedonischen Kriegermantels.

Nächste Doppelseite:
Große Alabastersphinx von Memphis. In Memphis, dem Vereinigungsort von Ober- und Unterägypten, wurde Alexander zum Pharao erhoben und in die altägyptischen Mysterien eingeweiht.

Als der Plan fertig und in allen Stücken für gut befunden war, rauschte es in den Lüften. Eine Vogelwolke kam vom Meere her. Der Schwarm fiel auf der Stelle ein, die mit Gerstengraupen bestreut war, und ließ nicht ein Korn übrig. Alexander sah es mit Unwillen. Auch seine Begleiter waren besorgt. Aristander, der Wahrsager, aber hielt es für ein gutes Vorzeichen. Die Stadt werde vielen Menschen Nahrung geben, so sagte er.

Da ließ Alexander unverzüglich mit dem Bau beginnen und gab der Stadt seinen Namen.

19
Alexander zieht zur Oase Siwa

Weiter im Westen, tief in der Wüste, liegt die Oase Siwa. Dort war das Orakel des Gottes Ammon. Alexander wurde von Sehnsucht ergriffen, es zu befragen.

Noch niemals war ein Pharao zum Gott in die Wüste gezogen. Aber Herakles und Perseus, die Helden und Vorbilder Alexanders, hatten den Zug gewagt und günstige Antworten auf ihre Fragen erhalten. Der Asiat Kambyses, wie Ochos den Ägyptern ein Schrecken, hatte ein Heer zur Oase geschickt, um das Orakel zu zerstören. Der erzürnte Gott war mit Sandwolken über die Frevler hergefallen und hatte sie begraben.

Das Orakel des Gottes in der Wüste galt den Griechen zur Zeit Alexanders mehr als die Orakel von Delphi und Dodona. Nur unter Einsatz des Lebens war es zu erlangen.

Alexander wagte das Unerhörte: mit einem kleinen Heer die Wüste zu besiegen. Aber sie empfing ihn nicht feindlich. Als er von der Küste nach Süden abbog und nichts als Sandfelder und nackte Felsen vor sich hatte, waren er und das Heer auf den Feueratem der Wüste und auf Sandstürme gefaßt. Doch noch ehe die Wasservorräte erschöpft waren, überzog sich der Himmel mit schweren Wolken und verhüllte die glühende Sonne.

Regen strömte nieder und lockte Gräser und Blumen aus dem Sand. Die Wüste breitete einen grünen Teppich vor Alexander aus.

Nach zwölf Tagen erreichte das kleine Heer die Oase Siwa, die reich an Dattelpalmen und Olivenhainen ist, auch an Quellen und Seen. Priester kamen aus dem Tempel entgegen und verkündeten dem König, daß nur er allein in das Allerheiligste eintreten dürfe. Dort stand der Gott Ammon in einer goldenen Barke.

Der oberste Priester begrüßte Alexander als Sohn des Ammon. Darauf stellte Alexander seine Fragen.

Als er wieder aus dem Tempel kam und seine Freunde wissen wollten, was er für Antworten erhalten habe, sagte er nichts. Doch der Glanz auf seinem Gesicht verriet, daß er zufrieden war.

Alle, die mit Alexander zur Oase gezogen waren, hatten die wunderbaren Zeichen gesehen und gehört, daß der Höchste Priester ihn als Sohn des Gottes begrüßt hatte.

20

Alexander erkundet die Nilquellen

Von der Oase Siwa zog Alexander mit seinen Begleitern quer durch die große Wüste an den Nil zur Stadt Memphis. Er brauchte dazu achtzehn Tage. In der alten Königsstadt der Ägypter erwarteten den jungen Pharao Gesandtschaften aus griechischen Städten, aus Pella und vielerlei Ländern.

Alexander beriet sich mit den Priestern der Ägypter, die große Gelehrte waren. Sie konnten vieles aufklären, was selbst für seinen Lehrer Aristoteles ein Rätsel war. Als Alexander die ägyptischen Weisen fragte, wo denn der Nil entspringe und wie es komme, daß er jedes Jahr anschwelle, um das Land bis an den Saum der Wüste fruchtbar zu machen, da schwiegen sie lange. Dann sagten sie: »Wer ein so großes Geheimnis erfahren soll, der muß eine Nacht im Tempel wachen, damit sein Geist sich öffnet.«

Alexander brachte die Nacht im Tempel zu. Und so groß war sein Wunsch zu wissen, woher der Nil kommt, daß sein Geist Flügel ausbreitete und als Vogel über ihm schwebte. Der Körper des Königs lag vor dem Altar, als wäre er tot. Der Vogel aber, sein Geist, flog den Nil hinauf, und obgleich es Nacht war, sah er den Strom glänzen. Der Vogel flog über die ganze Länge Ägyptens. Er flog über Nubien bis in ein Land, in dem der Nil herabstürzte wie über Treppen. Dann sah er, daß der Nil gegen die Quellen hin zwei Arme ausstreckt. Mit dem einen Arm, der von weißer Farbe ist, greift er in einen See, der weiß glänzt, weil der Schnee von Berggipfeln sich in ihm spiegelt. Der andere, ein blauer Arm, endet in einem See von der Farbe des Himmels. Die Seen liegen im Äthiopenland, nahe dem Wendekreis der Sonne. Und da fiel ein großer Regen und ließ die Wasser des Nils steigen. Als der Regen aufhörte, nahm der Nil wieder ab.

So erfuhr der Geist Alexanders das große Geheimnis. Und er flog zurück, den Nil hinab bis nach Memphis und erweckte den starren Leib, der im Tempel lag.

Als am Morgen die Priester kamen, waren sie erstaunt, daß er ihnen sagte, was er zu wissen begehrt hatte.

Noch mehr verwunderte sie, daß er auch noch Männer aussandte, die auf Booten den Nil hinauffahren und bis zum Wendekreis der Sonne vordringen sollten, damit alles bestätigt würde, was sein Geist auf dem Flug erblickt hatte.

Nun, da Alexander den Thron der Pharaonen gewonnen hatte, wollte er nach Osten aufbrechen, um sich auf die Throne von Babylon und Persepolis zu setzen, damit Asien und Afrika mit den Ländern des Westens vereinigt wurde und er selbst Herr über den Erdkreis sei.

21

Alexander ehrt eine tote Königin

Um diese Zeit schrieb Darios einen zweiten Brief an Alexander. Nun redete er ihn wie einen König und Bruder an. Er bat um die Freilassung seiner Mutter, der Königin und seiner Kinder gegen ein Lösegeld von zehntausend Talenten. Viel schwerer wog, daß er Alexander die Hälfte seines Reiches anbot und die Hand einer seiner Töchter. Von Griechenland bis zum Euphrat sollte Alexander Herr sein, Darios aber vom Euphrat bis Indien. »Laß uns in Freundschaft nebeneinander leben und Frieden halten, jeder von uns Herr der halben Welt.«

Alexander war eben in Tyros angelangt, als er diesen Brief empfing. Er berief seine Ratgeber und Vertrauten und legte ihnen den Brief des Darios vor.

Von seinem Gesicht war nicht abzulesen, wie er über das Angebot dachte. Er sah, daß alle seine Vertrauten bis auf Hephaistion sich keine Mühe gaben, ihre Freude zu verbergen. Warum sollten sie weiterziehen und neue Gefahren bestehen, wenn ihnen freistand, nach Mazedonien und Griechenland heimzukehren, von Ruhm bedeckt! War die halbe Welt nicht genug?

Alexander fragte seinen ältesten Feldherrn Parmenion, und dieser sagte: »Wenn ich Alexander wäre, würde ich die Vorschläge des Darios annehmen.«

Da erwiderte Alexander: »Ich auch, wenn ich Parmenion wäre.«

Parmenion verteidigte seine Ansicht. »Ich habe lange genug deinem Vater gedient, um zu wissen, daß König Philipp nicht anders spräche als ich.«

»Ich bin nicht König Philipp«, sagte Alexander.

Dem Darios schrieb er, er möge ihm wie seinem Gebieter entgegenkommen, dann werde er ihm Mutter und Frau und Kinder übergeben. Andernfalls sollte er sich zu einer Begegnung auf dem Schlachtfeld bereithalten. Und er befahl den Aufbruch des Heeres für den folgenden Tag.

In der Nacht hob Alexander diesen Befehl wieder auf. Der Perser Tireos, einer aus der Dienerschaft der königlichen Frauen, brachte ihm die Nachricht, daß Stateira, die Gemahlin des Darios, gestorben sei.

Alexander war bestürzt. Zum Perser sagte er: »Die Königin wird ein Begräbnis erhalten, wie es ihrem Rang und ihrer Würde zukommt.«

Alexanders ganzes Heer erwies der toten Königin die letzte Ehre. Erst dann ließ Alexander das Heer weiter nach Osten ziehen.

Tireos brachte auch dem Perserkönig die bittere Botschaft. Darios fiel zu Boden, als er hörte, daß Stateira tot sei. Er schlug sich die Stirn und begann laut zu klagen: »Weh, welch ein böses Geschick verfolgt die Perser, daß ihre Königin in Gefangenschaft sterben und ein königliches Begräbnis entbehren muß!«

Da sagte der Perser Tireos: »Dieser König der Mazedonen hat in seinem Kriegszug eingehalten, um für ein würdiges Begräbnis der toten Königin zu sorgen. Sein ganzes Heer hat sich vor ihr verneigt. Meine Herrin hat in der Zeit der Gefangenschaft nur eins entbehrt: Dein Licht, dem unsere Götter bald wieder vollen Glanz verleihen mögen. Alexander hat über die königlichen Frauen gewacht, als wären sie aus seinem Haus. So furchtbar er in der Schlacht ist, so großmütig ist er als Sieger.«

Nun richtete sich Darios in seinem Schmerz auf. Gegen Alexander aber wollte er eine letzte Schlacht wagen. Er ließ sein Heer in aller Eile vermehren und Waffen anfertigen. Am reißenden Flusse Tigris sollte ein Aufgebot aus allen Ländern Asiens das Heer der Mazedonen und Griechen zurückschlagen.

22

Alexander zieht über den Euphrat und gerät in große Gefahr

Alexander zog zum Euphrat und befahl, eine Brücke über den Strom zu bauen. Die halbe Brücke wurde aus Schiffen gebildet. Von Schiff zu Schiff wurden Baumstämme gelegt und mit Ketten befestigt. Mit so großem Eifer baute das Heer an der Brücke, daß sie in vier Tagen fertig war.

In der Nacht vor dem Übergang umritt Alexander das Lager und sah nach, ob die Soldaten und Reiter alles hatten, was sie brauchten.

Hephaistion mahnte den König: »Auch du solltest jetzt schlafen, denn auf dir liegt mehr Last als auf jedem andern.«

Da sagte Alexander: »Wenn meine Soldaten Mangel leiden, so bin ich es, an dem es ausgeht.«

Im ersten Morgenlicht dröhnten die Hufschläge der Pferde über Schiffe und Balken. Es war ein Wunder, daß nur wenige Pferde in den Fluß fielen und die Brücke nicht brach. Kleitos, der dem König in der ersten Schlacht das Leben gerettet hatte, sagte bewundernd: »Sie wird halten bis zu unserer Rückkehr.«

»Du bist im Irrtum«, sagte Alexander. »Noch heute wird diese Brücke zerstört.«

Alle waren erstaunt. Und Philotas, der Sohn des Parmenion, fragte: »Wer sollte das tun? Weit und breit ist kein Feind.«

»Wir selbst werden sie zerstören«, sagte Alexander, »wir werden jedes Schiff und jeden Baumstamm verbrennen.«

»Aber schneiden wir uns nicht selbst den Rückweg nach Mazedonien ab?« sagte Parmenion.

»Das wird auch Darios denken«, sagte Alexander. »Und für ihn wird das ein Zeichen sein, daß wir nicht fürchten, ihm zu unterliegen. Das wird ihn treffen.«

Die Brücke, mit großem Geschick und Eifer gebaut, wurde abgebrochen und zerstört. Alexander warf die erste Brandfakkel in eins der Schiffe. Brennend trieben sie den Strom hinab, Babylon entgegen.

Alexander aber marschierte mit seinem Heer zum Tigris. Über den Tigris kamen so gewaltige Wolken, daß der Tag dunkel wurde. Es waren Rauchschwaden, die sich entgegenwälzten. Da sagte Alexander: »Wir haben nur eine Brücke verbrannt, Darios läßt sein Land in Brand stecken – ein sicheres Zeichen für seine Furcht.«

An einigen Furten wurde der Übergang über den Tigris versucht. Auch die Furten waren gefährlich, denn der Strom führte auf seinem Grund das Steingeröll vieler Kiesbäche. Das Wasser reichte den Pferden bis an den Hals und riß Soldaten samt ihrem Gepäck fort. Da wurde das Heer unruhiger als vor einer Schlacht. Denn alle waren darauf bedacht, ihre Beute nicht zu verlieren. Alexander sprach zu den Soldaten: »Wer etwas verliert, dem werde ich es zurückgeben. Nach der nächsten Schlacht werden sich die Tore von Babylon, Susa und Persepolis öffnen, und dort werdet ihr mehr Beute finden, als jeder von euch tragen kann. Darum sorgt nur dafür, daß ihr selber mit euren Waffen über den Fluß kommt!«

Er ließ Stricke von Ufer zu Ufer spannen. An ihnen konnten sich die Soldaten festhalten, wenn sie halb watend, halb schwimmend den Tigris überquerten.

Zu spät kamen über die verbrannte Erde persische Reiter entgegen. Sie wurden vertrieben oder im Kampf getötet oder gefangen genommen. Bei einem dieser Gefechte fiel ein Mann mit griechischem Helm, griechischem Panzer und griechischem Schild Alexander von hinten an. Entsetzt sahen zwei Mazedonen, daß ein Griechenschwert gegen ihren König erhoben wurde. Beide schleuderten ihre Speere, und der Mann sank durchbohrt nieder.

»Du Verräter!« schrie Alexander, außer sich vor Wut. »Was habe ich dir getan, daß du mich von hinten anfällst! Willst du dir den Mörderlohn verdienen, den Darios in seiner Angst um das eigene Leben ausgesetzt hat? Du falscher Grieche!«

Da antwortete der Mann mit persischen Worten, und es kam heraus, daß er ein Perser war, der sich als Partisan in das Heer Alexanders gewagt hatte. Während ihm der Tod schon seine Zeichen ins Gesicht schrieb, sprach er: »Mir hat mein König nichts versprochen, denn er weiß nichts von mir. Aus mir selbst bin ich gekommen, dich zu töten. Du hast den Tod verdient, da du uns die Freiheit nehmen willst. Aber König Darios wird mit seinem Heer vollbringen, was mir mißlang.«

Mit dieser Drohung starb er. Alexander war betroffen vom Mut dieses Mannes und ließ ihm wie einem Tapferen aus den eigenen Reihen ein Grab richten.

23
Alexander spielt Darios einen Streich

Darios hatte sein Heer hinter dem Tigris aufgestellt – beim Ort Gaugamela. Gaugamela bedeutet »Kamelhaus.« Große Haufen aller asiatischen Völkerschaften waren im Heer vereint. Der Perserkönig hatte mehr als tausend Sichelwagen, die von je vier Pferden gezogen wurden. Sie sollten die Feindesreihen niedermähen.

Griechen und Mazedonen erschraken, als sie das Heerlager des Darios erblickten. Alexander ließ in sicherer Entfernung ein befestigtes Lager errichten; denn er wollte erst am folgenden Tag angreifen.

Am Abend vor der großen Schlacht tauchte im Lager der Perser ein Mazedone auf und sagte, Alexander habe ihn zum Großkönig geschickt. Da führte man ihn zu Darios. Der Mazedone kam an vielen Kriegshaufen und Lagerfeuern vorüber und sah die gewaltige Streitmacht. Sein Gesicht blieb ohne ein Zeichen von Schrecken.

Darios empfing den Abgesandten freundlich. Insgeheim hoffte er, Alexander habe die Absicht, die Schlacht im letzten Augenblick zu verhindern und in die Teilung des Reiches einzuwilligen. Eine Tafel wurde gerichtet, um den Mazedonen zu bewirten. Und wie man ihm vorher Krieger und Waffen vor Augen geführt hatte, so zeigte man ihm nun allen Reichtum und Prunk des großköniglichen Zeltes. Und wieder war von seinem Gesicht nichts abzulesen.

Darios vermied es, vom Krieg zu reden. Auch der Mazedone verlor kein Wort über die bevorstehende Schlacht.

Er ließ sich unterhalten, hörte den Musikanten zu und trank aus dem schweren goldenen Becher, der vor ihm stand. Der Becher war kunstvoll gearbeitet. Als der Mazedone ihn geleert hatte, schob er ihn in seinen Mantel.

Die Blicke aller Perser richteten sich auf ihn, auch die Augen des Königs. Unwillig sprach Darios: »Hat dein König so große Not an goldenen Gefäßen, daß du ihm den Becher von meinem Tisch mitbringen mußt?«

»Im Gegenteil«, sagte der Mazedone, »bei Alexander ist es Brauch, daß jeder die Becher, die er leert, von seiner Tafel mitnimmt, weil er sonst dem König nicht genug Ehre erweist.«

Über diese Worte staunten alle, die an der Tafel des Darios saßen. Und sie bewunderten den Freimut, mit dem der Abgesandte sprach.

Da näherte sich der Satrap Pasarges dem Großkönig und sprach heimlich mit ihm. Ein Schatten flog über des Darios Gesicht. Er starrte den Boten an. Pasarges aber rief: »Dieser ist nicht ein Abgesandter – es ist Alexander, in einem Botenmantel versteckt.«

Alle sprangen auf. Der Mazedone aber bahnte sich mit Schwert und goldenem Becher ein Gasse zum Ausgang des Zeltes. Dort schwang er sich auf das Pferd, das für Darios bereitstand. Und da alle starr waren, weil sie einen Mazedonen auf dem Pferd des Großkönigs sahen, ritt der Fremde durch das Lager, ohne daß einer den Speer nach ihm warf oder ihn mit einem Pfeil niederstreckte. Er gewann genug Vorsprung. Kein anderes Pferd holte ihn ein.

Nie hat der Perserkönig mit Sicherheit erfahren, ob es Alexander war, der so kühn bis zu ihm vordrang. Durch das Lager aber verbreitete sich wie ein Blitz die Nachricht, der Mazedonenkönig habe sich einen goldenen Becher von der Tafel seines Feindes geholt und sei auf einem Pferd des Darios davongeritten. Schrecken setzte sich in allen Herzen fest.

24
Alexander siegt bei Gaugamela

In dieser Nacht glänzten Ebene und Fluß. Der Mond stand rund und groß am Himmel.

Mit einem Male begann sich die silberne Scheibe zu verfinstern. Auf das Land legten sich schwere Schatten. Der Tigris wurde dunkel.

Mazedonen und Griechen traten aus ihren Zelten. Viele nahmen die Finsternis für ein Zeichen von nahem Unheil. Alexander berief seine Wahrsager und Weisen. Sie erklärten: »Die Finsternis ist ein Werk der drei Götter, die den Lauf von Sonne, Mond und Erde lenken. Sie wollen den Griechen vor der Schlacht ihren Willen verkünden. Da die Sonne den Griechen zugehört, der Mond den Asiaten, ist es ein gutes Zeichen, daß der Mond sich verdunkelt und nicht die Sonne. Die Mondfinsternis bedeutet Niederlage und Verderben für die Perser.«

Alexander ließ die Deutung der Seher im Heer bekanntmachen, da er wußte, daß das Wort der Wahrsager mehr bewirkt als das eines Königs.

Aus dem Lager der Asiaten stieg während der Finsternis ein Tosen auf, das die Mazedonen erschreckte. Da beschwor Parmenion Alexander, bei Nacht anzugreifen.

»Die Dunkelheit wird unser Bundesgenosse sein«, sagte er. »Bei Tag käme die Streitmacht Asiens wie ein Meer über uns.« Alexander erwiderte: »Wir sind keine Diebe. Es steht uns nicht an, den Sieg zu stehlen. Außerdem würden zu viele von der Hand eigener Leute fallen; denn bei Nacht anzugreifen ist nicht viel anders als ohne Licht in eine Höhle einzudringen.« Er schickte alle Befehlshaber zur Ruhe. Auch er ging in sein Zelt.

Am Morgen war das gesamte Heer bereits auf den Beinen, als Alexander noch immer schlief. Dreimal mußte Parmenion den König bei seinem Namen rufen, ehe er wach wurde.

»Wie kannst du so ruhig schlafen?« fragte Parmenion. »Die Entscheidungsschlacht steht bevor.«

Darios in der Schlacht von Gaugamela. Mosaik aus Pompeji, jetzt Nationalmuseum Neapel (Ausschnitt).

»Die Götter haben entschieden«, sagte Alexander. Vor den Augen seiner Soldaten rüstete er sich für den Kampf. Über ein leichtes Kleid von sizilianischer Arbeit zog er einen linnenen Doppelpanzer, der ihm als Beute nach der Schlacht von Issos zugefallen war. Sein Helm war von Eisen, so meisterhaft gehärtet und hell gehämmert, daß er wie blankes Silber glänzte. Sein Schwert, das Werk eines kretischen Meisters, wog leicht in seiner Hand.

Alexander überblickte das Schlachtfeld. Darios hatte jeden Baum und Strauch daraus entfernen lassen, damit seine unabsehbaren Scharen durch nichts behindert waren.

»So haben auch wir freie Bahn«, sagte Alexander.

Überläufer hatten ihm verraten, wo der Perserkönig die Erde mit eisernen Fußangeln gespickt hatte, damit die mazedonischen Reiter dort zu Fall kämen.

»Dorthin werden wir seine Reiter treiben«, sagte Alexander. Er gab den Befehl, beim Angriff der Sichelwagen die Reihen zu öffnen und die Pferdegespanne durch Gassen rasen zu lassen. »So werden sie dem Darios keinen Nutzen und uns keinen Schaden bringen«, sagte Alexander. Und dann sprach er: »Wir haben diesen Großkönig schon einmal besiegt. Schon einmal ist er vor uns geflohen. Er hat weite Strecken seiner eigenen Länder zur Wüste gemacht – aus Furcht vor uns. Seit drei Tagen steht sein Heer auf demselben Fleck, erschöpft von der Last seiner Waffen. Auf diesem Schlachtfeld werden die Götter uns den Sieg und ganz Asien geben.«

Da rief das Heer der Griechen und Mazedonen seinen Namen viele Male. Die Ränder der Berge erbebten, von der aufgehenden Sonne getroffen. Neben Alexander stand in weißem Mantel und mit goldener Stirnbinde der Seher Aristander. Er deutete zum Himmel hinauf. Ein Adler zog dort seine Kreise. Und als Alexander das Zeichen zum Angriff gab, schoß der Adler herab und flog gegen das Lager des Darios hin. Da zweifelte kein Grieche und kein Mazedone mehr am Sieg.

Das Heer Alexanders rückte vor. Sichelwagen kamen in vollem Lauf entgegen. Gassen öffneten sich, die Wagen rasten zwischen hohen Zäunen aus Lanzen durch, kamen ins Schleudern und überschlugen sich. Von den Sicheln wurden lange Furchen ins Schlachtfeld gerissen.

Alexander ließ den linken Flügel seines Heeres zurückweichen. Die Perser drängten so ungestüm nach, daß sich in ihrer Front eine Lücke auftat. In sie stieß Alexander mit seinen Reitern. Bald stand er dem Großkönig Auge in Auge gegenüber. Darios schleuderte seine Lanze gegen Alexander und verfehlte ihn. Da verlor Darios zum zweitenmal die Fassung. Und obgleich ihn seine Leibwache tapfer verteidigte und an dieser Stelle ebenso viele Mazedonen wie Perser fielen, sprang Darios vom Kampfwagen und jagte auf einem Renner davon. Nun flohen auch seine Soldaten.

Alexander ließ sich auf dem Schlachtfeld von Gaugamela zum Großkönig von Asien ausrufen. Die Siegesfeuer loderten so hoch in den Himmel, daß sich die Sterne versteckten.

25

Alexander zieht nach Babylon

Alexander wandte sich mit seinem Heer nach Süden, um nach Babylon zu ziehen. Der Perserkönig Xerxes, Frevler an den Tempeln Griechenlands, hatte auch den Marduktempel von Babylon zerstört. Alexander schickte Abgesandte voraus mit dem Auftrag, das Bild des Gottes wieder aufzurichten und den Tempel in altem Glanz herzustellen. Wie in Ägypten wurde Alexander als Befreier begrüßt, wo immer er zog.

Auf dem Marsch kam das Heer an eine brennende Erdölquelle und bald darauf an einen Erdölsee, der wie ein großes schwarzes Auge den Himmel anblickte. Aus ihm schöpften Bewohner der Gegend mit großen Gefäßen Erdöl, besprengten damit die Heerstraße und zündeten sie an. Wie ein Blitz zu ebener Erde flog der Brand die Straße entlang. Mazedonen und Griechen freuten sich an der Flammenbahn.

Aus Babylon kam der Satrap Mazaios entgegen. Er hatte in der Schlacht von Gaugamela tapfer gekämpft – länger als sein König. Nun aber wollte er die wunderbare Stadt retten.

Die Straßen waren mit Blumen bestreut, die Häuser mit Kränzen geschmückt. Weihrauchwolken stiegen von Altären auf. Zum Empfang übergab Mazaios Alexander einen Löwen und einen Panther in goldenen Käfigen.

Hunderte von Pferden und Rindern warteten auf das Heer, das den Darios besiegt hatte. Magier sangen Lieder zum Lob Alexanders. In feierlichem Tanz stellten die Sterndeuter den Gang der Gestirne und den Wechsel der Jahreszeiten dar. Unter dem Jubel der Babylonier bezog Alexander die Königsburg und nahm die unermeßlichen Reichtümer, die dort gehortet waren, in Besitz.

Bei den Griechen und Mazedonen war des Staunens kein Ende. Sie erblickten eine Stadtmauer, auf der Viergespanne einander begegnen konnten, den Euphrat, der mitten durch die Stadt fließt, Staubecken und ein Netz von Kanälen, in denen sich die Häuser spiegeln, und das Schönste von allem: die Hängenden Gärten der Königin Semiramis, einen Park in vielen Stockwerken. Die Soldaten Alexanders bewunderten die Baumriesen, Fremdlinge in Babylon, von weit hergeholt. Sorgsam gehegt und mit Euphratwasser reich genetzt, gediehen sie in Babylon üppiger als auf dem gewohnten Boden.

Alexander gönnte seinem Heer eine lange Rast. In vollen Zügen genossen die Soldaten, was sie lange entbehrt hatten. Rauschende Feste machten die Nächte zum Tag.

Nach einem vollen Monat fuhr das Aufbruchssignal in betäubte Köpfe.

26
Alexander zieht nach Susa

Alexanders nächste Ziele waren Susa und Persepolis, die Königsstädte der Perser.

Auch der Satrap von Susa kam mit Geschenken entgegen. Am kostbarsten waren weiße Dromedare von großer Schnelligkeit und Wasser aus dem Flusse Choaspis, erquickend wie Quellwasser aus dem Gebirge.

In den Schatzkammern von Susa lagen Stapel von Purpurstoffen, auch Gold und Silber, zu unförmigen Klumpen geschmolzen. Alexander befreite die Schätze aus ihrem Gefängnis. Er ließ Münzen prägen und in Umlauf setzen. Nach Mazedonien und Griechenland, in alle Länder, über die er nun Herr war, wurden Geschenke geschickt. Die wertvollsten Stücke sandte er seiner Mutter.

Alexander setzte sich auf den Thron der Perser. Es zeigte sich, daß er sehr hoch war. Des Königs Füße reichten nicht bis auf den Boden. Als Alexanders Schildträger das sahen, ergriffen sie einen kleinen niedrigen Tisch und stellten ihn vor den Thron. Alexander setzte seine Füße darauf.

Da seufzte der Satrap, der dabeistand, und als Alexander ihn nach dem Grund seines Kummers fragte, sagte der Perser: »Von diesem Tisch hat König Darios oft gegessen, und nun setzt der Sieger über ihn seine Füße darauf.«

Alexander wurde nachdenklich, als er das hörte; und schon befahl er, den Tisch fortzunehmen, da rief Philotas: »Laß den Tisch, wo er ist! Du hast nicht gewußt, daß Darios von ihm seine Speisen nahm. Und so nimm es als ein Vorzeichen sicherer Herrschaft, daß dir die Tafel des Besiegten als Schemel für deine Füße dient!« In Susa ließ Alexander die königliche Familie zurück. Er übergab der Königinmutter einen Palast, wie es ihrer Würde zukam.

In den Tagen vor dem Aufbruch nach Persepolis erhielt Alexander von seiner Mutter Olympias warme Wollstoffe. Die Weberinnen hatten sie selbst überbracht. Es war kalt, und

Alexander schickte einen Teil der Stoffe mitsamt den mazedonischen Mädchen zu Sisygambis. Diese Mädchen, so meinte er, könnten die Töchter des Darios im Weben von Wollstoffen unterrichten. Groß war seine Bestürzung, als ihm gemeldet wurde, Sisygambis sei bei diesem Vorschlag in Tränen ausgebrochen, denn nichts sei für Perserinnen von hohem Rang schimpflicher, als sich mit Wollarbeiten zu beschäftigen.

Da ging Alexander zu Sisygambis. Auf das Wollkleid deutend, das er selber trug, sagte er: »Sieh, Mutter, dies Gewand hat mir meine Schwester gewebt. Bei uns weben alle Frauen aus königlichem Haus. Ich wollte dich nicht kränken. Soweit mir eure Sitten vertraut sind, habe ich mich immer danach gerichtet. Ich weiß, daß sich ein Sohn niemals vor den Augen seiner Mutter setzt, außer sie hat es ihm erlaubt. Darum blieb ich vor dir stehen, bis du mir einen Sitz anbotest. Und so glaube mir, wenn ich dir sage: Mit dem Geschenk, das mir meine Mutter geschickt hat, wollte ich dich ehren wie eine Mutter.«

Da dankte ihm Sisygambis und sagte: »Nie habe ich ein Geschenk von größerem Wert empfangen.«

27
Alexander steckt die Königsburg der Perser in Brand

Im Gebirge, das zwischen Susa und Persepolis liegt, wohnen die Uxier. Sie verlangten von allen, die durch ihr Gebiet ziehen wollten, Tribut. Als Dolmetscher ihnen sagten, nun komme Alexander, der neue Herr der Welt, erwiderten sie: »Wir haben diesen Namen noch nicht gehört. Schon viele, die von sich behaupteten, Herr der Welt zu sein, gaben uns, was wir für den Durchzug verlangten.«

So kam es zum Kampf. Die Berg-Uxier wurden rasch in die Enge getrieben und mußten sich in den Willen Alexanders ergeben. Er behandelte sie großmütig, doch bestand er auf Tribut.

Geld kannten diese Gebirgler nicht. Sie boten Schafe und Pferde an, und Alexander einigte sich mit ihnen. Da sagten sie: »Nun wissen wir deinen Namen. Du mußt in Wahrheit der Herr der Welt sein, da du sogar uns überwunden hast!«

Viele Uxier traten in das Griechenheer ein, das nun auf der großen Heerstraße gegen Persepolis zog.

Alexander drang mit einer kleinen Schar weiter in das Gebirge vor, um die Königsstadt auf dem kürzesten Weg zu erreichen. Da trat ihm der Satrap von Persepolis entgegen. Er wußte, daß alles verloren war, wenn es ihm nicht gelang, den Mazedonenkönig hier aufzuhalten.

An den beiden Pässen, die das Volk die Persischen Tore nennt, rücken die Felsen so nahe zusammen, daß nur zwei Reiter nebeneinander reiten können. Der Satrap ließ die Tore mit Felsblöcken schließen und vermauern. Alexander aber war unbesorgt. In Babylon hatte er geträumt, ein Wolf werde ihn nach Persepolis führen. Und nun, da er vor den zugemauerten Pässen stand, bot sich ihm als Führer ein Mann an, der Lykos hieß, was Wolf bedeutet. Ihm vertraute Alexander ohne Bedenken. Der »Wolf« führte die Mazedonen in den Rücken der Perser. Sie wurden nun selbst in einem Hinterhalt angegriffen und zersprengt. Alexander stürmte ihnen in die Ebene von Persepolis nach.

Die Königsburg der Perser erhebt sich auf einem Hügel. Breite Treppen führen zu ihr hinauf. In Stein gehauene Bogenschützen geben dem Besucher das Geleit. Steinerne Stiere bewachen den Eingang. Der erste Darios hatte in die Wand über der Treppe die Worte meißeln lassen: »So spricht der König. Dieses Land hat mir der große Gott Ahriman gegeben, daß ich es regiere. Mein Reich ist schön, reich an Menschen und Rossen. Nach dem Willen Gottes und nach meinem Willen zittert es vor keinem.«

Nun zogen Soldaten samt ihren Pferden die Treppe hinauf. In der Vorhalle des Palastes wurde das Standbild des Xerxes umgestoßen, so groß war das Gedränge.

Alexander blieb stehen und redete das Standbild an, als spräche er mit Xerxes selbst. Er sagte: »Du und deinesgleichen haben große Worte gebraucht. Nun liegst du im Staub. Erwarte nicht, daß ich dich aufrichte!« Und Alexander setzte sich auf den Thron der Perser, den ein goldenes Dach überspannt.

Viele Griechen brachen in Tränen aus, als sie das sahen. Ein alter Krieger aus Korinth, der seinen Vater im Krieg gegen die Perser verloren hatte, rief aus: »Wie viele Griechen würden ihr Haus darum geben, könnten sie das sehen! Alexander auf dem Thron der Großkönige, die so viele Völker in den Staub getreten und so viele Götter beleidigt haben!«

Da beschloß Alexander ein Zeichen zu geben, daß die Zeit der Furcht vorüber sei und eine neue Zeit für alle Völker begonnen habe. Nicht mehr Sieger und Besiegte sollte es geben, Mächtige und Machtlose, sondern nur noch freie Völker in einem Reich. Und da Persepolis der Horst der Unterdrücker war, wollte Alexander es ausrotten.

Beim Siegesfest warf er mit eigener Hand die Brandfackel in das Zederngetäfel der Perserburg. Die Flammen verzehrten den herrlichen Bau, Pfeiler und Wände und Dach.

Die Griechen und Mazedonen jubelten. Aber sie verstanden Alexander falsch. Sie selbst fühlten sich nun als die Herren, und sie behandelten die Perser wie Vieh. Aus Furcht vor den Soldaten sprangen viele Einwohner von Persepolis von den Mauern der Stadt, um auf freies Feld zu entkommen. Sobald Alexander davon erfuhr, gebot er dem schrecklichen Treiben Einhalt. Er ließ auch das Feuer löschen, das er selbst gelegt hatte. Mitten im Reich der Perser aber blieb ein großes Brandmal.

28

Alexander gewinnt ungeheure Schätze

In den Schatzhäusern von Persepolis und Pasargadä, der benachbarten Königsburg, fanden sich noch größere Reichtümer als in Babylon und Susa. Alexander verteilte die Beute mit vollen Händen. Reich beschenkt entließ er jetzt alle Griechen in die Heimat, da der Rachefeldzug gegen die Perser zu Ende war. Nur mit seinen Mazedonen und Söldnern wollte er weiter nach Osten ziehen.

Seine Vertrauten und Heerführer überschüttete Alexander mit Geschenken. Seine Mutter machte ihm deswegen Vorwürfe. Dabei schickte er an sie ganze Karawanenzüge mit Kostbarkeiten. Sie aber wollte niemanden als Alexander und sich selbst reich und mächtig wissen.

Einmal schrieb sie: »Deine Nächsten umlauern dich, gierig nach Gold. Und du gibst es ihnen, statt sie auf eine Weise auszuzeichnen, die sie nicht zu sehr erhebt. Du gibst ihnen so viel, daß jeder sich für einen König halten kann. Hochmut wird ihre Köpfe umnebeln. Sie werden vergessen, daß sie alles von dir haben, und schließlich wird es zum Aufruhr gegen dich kommen, glaube mir, deiner Mutter!«

Alexander gab diesen Brief Hephaistion zu lesen. Sein Freund lächelte. Alexander aber blieb ernst und drückte das Siegel, mit dem er seine Briefe verschloß, auf Hephaistions Lippen. Und Hephaistion schwieg wie ein versiegelter Brief.

Vielen in der engsten Umgebung Alexanders verdrehte der ungewohnte Reichtum den Kopf. Das ging so weit, daß sich einige seiner Heerführer silberne Nägel in ihre Stiefel schlagen ließen. Philotas ließ für seine Ringkämpfer Sand aus Ägypten holen, damit sie weich fielen; für seine Treibjagden führte er so viele Netze mit, daß eine Stadt umstellt werden konnte. Andere hatten ein Gefolge von Kammerdienern und Salbenbereitern in ihren Diensten.

Alexander hielt ihnen das vor. »Es setzt mich in Erstaunen, daß euch ein paar Monate üppigen Lebens so verändern«, sagte er. »Vergeßt nicht, daß noch immer der seinen Sieg verloren hat, der die Gewohnheiten der Besiegten annahm. Es wird Zeit, neue Gefahren aufzusuchen.«

Alexander führte nun sein Heer nach Ekbatana, der Hauptstadt von Medien. Dorthin war Darios auf seiner Flucht gelangt.

29
Alexander begegnet dem toten Perserkönig

Der geschlagene Perserkönig hatte zum drittenmal ein Heer zusammengebracht: dreitausend Reiter und dreißigtausend Mann zu Fuß, unter ihnen viertausend griechische Söldner, deren Anführer Patron hieß. Die Meder und baktrischen Reiter standen unter dem Befehl der Satrapen Bessos und Nabarzanes, die nur so taten, als seien sie ihrem König noch immer ergeben. Sie hatten sich verschworen, Darios an Alexander auszuliefern, um sich die Gunst des Siegers zu erkaufen und ihre Würden zu behalten.

Darios rief die Satrapen und Befehlshaber zusammen und beriet sich mit ihnen. Da sprach Nabarzanes in heuchlerischem Ton: »Die Götter haben sich von uns abgewendet. Zuviel Unglück ist auf dein Haupt gehäuft, o Darios! Ist es in solcher Lage nicht besser, du ziehst dich in ein sicheres Bergversteck zurück und überträgst einem anderen die Krone, so als wärst du tot? Er mag an deiner Stelle Alexander entgegenziehen. Und wenn ihm die Götter günstiger sind und ihm den Sieg geben, so soll es dein Sieg sein. Zum Schrecken deiner Feinde wirst du dann ins Leben und auf den Thron zurückkehren. Bis dahin aber, o König, gib deine Krone dem Besso als dem Tapfersten unter uns!«

Zornig gebot Darios dem Nabarzanes zu schweigen.

Und er drang auf den Satrapen ein, um ihn mit dem Schwert niederzustoßen. Bessos warf sich dazwischen und bat um Vergebung für Nabarzanes.

Am Abend dieses Tages trat der Grieche Patron, vom falschen Spiel der Satrapen empört, zu Darios, um ihm die Augen zu öffnen. Darios verstand Griechisch. Patron beschwor den König, Bessos und Nabarzanes in Fesseln legen zu lassen. Aber Darios sagte: »Wenn es so weit gekommen ist, will ich nicht mehr König sein.«

Und er brach in Tränen aus. Der Grieche wandte sich ab und ging. Kaum hatte er das Königszelt verlassen, drangen die verräterischen Satrapen mit Bewaffneten ein und ergriffen Darios. Er wehrte sich nicht. Vor seinen Augen erbrach Bessos die Schatztruhen, die im Zelt standen, und warf den Bewaffneten ihren Mörderlohn hin. Dem Darios wurden goldene Fesseln an Händen und Füßen angelegt. Die Verräter banden ihn auf einem Ochsenkarren fest und deckten ihn mit schmutzigen Fellen zu. Den Karren ließen sie in ein abgelegenes Gebirgstal treiben. Später sprengten sie dem Ochsenkarren nach, da es auf einmal hieß, Alexander sei nahe. Sie forderten Darios auf, mit ihnen Alexander entgegenzureiten und ihn um Gnade für alle zu bitten.

Darios weigerte sich. Er wollte nicht länger leben nach der Schmach, die ihm angetan war. Da durchstießen Bessos und Nabarzanes den König mit ihren Lanzen, töteten die Begleiter, die sie für den Mord an Darios gekauft hatten, und auch den Ochsentreiber, der von allem nichts verstand. Sogar die Ochsen wurden von den Lanzen der Satrapen getroffen, die eilends die Flucht ergriffen, als mazedonische Reiter auftauchten.

Die verwundeten Zugtiere suchten mit dem Karren zu entkommen und gelangten über freies Feld bis zu einer Quelle. Von Wunden und Durst gequält, blieben sie dort stehen.

Die mazedonischen Reiter durchstreiften das Gelände. Der Dolmetscher des Darios war in ihre Hände gefallen. Von ihm wußten sie, daß der König gebunden auf einem Karren weggeführt worden war, und so wurde jedes Fuhrwerk angehalten und untersucht.

Nach Wasser lechzend, kam einer der Reiter an die Quelle, bis zu der die verwundeten Ochsen sich und den Karren geschleppt hatten. Von weitem bemerkte der Reiter die Wunden an den Tieren. Er sprengte heran. Da sah er den Gefesselten, der von Blut benetzt war.

Der Reiter sprang vom Pferd. Er schob die schmutzigen Felle zurück und erblickte die goldenen Fesseln.

»Ich bin Darios«, sagte der Sterbende.

Der Reiter löste die Fesseln. Er bettete Darios auf die Felle und schöpfte mit seinem Helm Wasser aus der Quelle.

Darios trank.

»Ich danke dir, fremder Mann«, sagte Darios mit griechischen Worten. »Es ist mir bitter, daß ich, ein König, nichts habe, um dich dafür zu belohnen, daß du gut zu mir bist.«

Da sagte der Reiter: »Niemals hätte Alexander, mein König, dich getötet. Er wird dich an den Verrätern rächen, dessen kannst du gewiß sein.«

Der Sterbende versuchte sich noch einmal aufzurichten und flüsterte: »Sage Alexander, daß ich mit seinem Namen auf den Lippen vor die Götter treten werde.«

Mit diesen Worten starb er. Der Reiter wachte beim toten König, bis er von andern Mazedonen entdeckt wurde. Sie holten Alexander herbei, so rasch es ging.

Als Alexander Darios erblickte, nahm er seinen Königsmantel und bedeckte mit ihm die Leiche. Er sprach kein Wort. Die Mazedonen sahen Tränen in den Augen ihres Königs.

Da richtete der Reiter, der Darios gefunden hatte, die letzte Botschaft des unglücklichen Großkönigs aus.

»Ich werde ihn an seinen Mördern rächen«, versprach Alexander. Die Leiche befahl er einzubalsamieren und nach Persepolis zu bringen. Dort sollte Darios ein königliches Grab neben den Gräbern der früheren Perserkönige finden.

Wer von Darios abgefallen war, wurde von Alexander bestraft. Die Getreuen behielten ihre Ämter. Deren Söhne machte Alexander zu Anführern über persische Reiterscharen. In sein Heer rückten Reiter und Soldaten aus allen Völkerschaften ein, die dem Darios gedient hatten.

Alexander fand es an der Zeit, die Unterschiede zwischen Siegern und Besiegten aufzuheben. Alle sollten in ihm ihren König sehen.

30
Alexander verlangt von seinen Freunden den Kniefall und stellt Kallisthenes eine Falle

Bei den Persern war es Brauch, sich vor dem Thron niederzuwerfen, wenn sie vom König empfangen wurden. Wer den Kniefall getan hatte, den hob der König zu sich auf und küßte ihn brüderlich. Alexander erwartete nun auch von seinen Freunden den Kniefall, wenn sie bei feierlichen Anlässen zusammen mit Satrapen und andern Würdenträgern vor ihm erschienen.

Um sie daran zu gewöhnen, gab er ein Fest, zu dem nur Mazedonen geladen waren. Er selbst erschien dazu in Persertracht. Strahlend stand Alexander vor seinem Thron. Hephaistion trat auf ihn zu und tat den Kniefall. Alexander hob ihn auf und küßte ihn. Da traten auch Krateros, Kleitos, Philotas und die andern Befehlshaber zu Alexander, warfen sich nieder und empfingen Alexanders Kuß. Alle nahmen es auf sich, das Knie zu beugen, obgleich alle es ihrer unwürdig fanden.

Nur einer weigerte sich niederzuknien: Kallisthenes, einer der Gelehrten, die Alexander auf dem Zug begleiteten, ein Schüler des Aristoteles wie Alexander. Kallisthenes grüßte den König wie ein Mazedone.

Alexander verbarg seinen Zorn und sagte in scherzhaftem Ton: »Du bringst mich um den Kniefall eines Gelehrten und dich um den Kuß des Königs.«

Mit heiterem Gesicht erwiderte Kallisthenes: »So muß ich eben um einen Kuß ärmer fortgehen.«

Alle, die das hörten, bewunderten Kallisthenes wegen seiner Antwort. Aber Alexander hegte von nun an gegen Kallisthenes einen tiefen Groll.

Bei einem Fest kam es dem König in den Sinn, Kallisthenes eine Falle zu stellen. Als alle vom Wein fröhlich und viele schon trunken waren, forderte er den Gelehrten auf, eine Rede zum Lobe der Mazedonen zu halten.

Kallisthenes stand auf und tat es ohne Zögern: »Die Mazedonen sind ein bewundernswertes Volk. Zwischen nackten Felsen, auf dürftigem Boden wurden sie groß. Sie nahmen die Festigkeit der Berge in sich auf und lernten, mit wenigem glücklich zu sein. Daher waren sie den Griechen überlegen, die sich nicht leicht zufriedengeben. Da die Mazedonen stets einig waren, konnten sie die Griechen zu Brüdern machen und einigen. Nicht die Griechen, sondern Mazedonen wurden zu Anführern im Kampf, als es Zeit wurde, die Schmach zu tilgen, die von Asien über Griechenland gekommen war. Ein Mazedone warf die Fackel in die Residenz der persischen Herrscher, und die befreiten Völker setzten ihn auf ihre Throne, weil er der beste von allen war.«

Alle Zuhörer waren hingerissen von der Rede des Kallisthenes. Nur Alexander spendete keinen Beifall. Als es still geworden war, bemerkte er spöttisch: »Ein schöner Anlaß macht die Rede leicht«, und forderte Kallisthenes auf, einen Beweis seiner Beredsamkeit zu geben und den Mazedonen einen Spiegel vorzuhalten, daß sie sich mit ihren Fehlern sähen und darangingen, sich zu bessern.

Kallisthenes betrachtete Alexander aufmerksam. Er sah, daß der König voll Mißtrauen gegen ihn war. Aber das machte ihn nicht irre. Und er sagte: »Die Mazedonen sind ein hassenswertes Volk. Gemessen an den Griechen sind sie roh und nicht fähig, Schönes zu schaffen. Aber da sie die Härte und Fühllosigkeit der Felsen haben, zwischen denen sie wohnen, kamen sie rasch über andere Völker empor, die größere Fähigkeiten besitzen als sie. Die Mazedonen nutzten die Uneinigkeit der Griechen zum eigenen Vorteil. Unter dem Vorwand, den Brand griechischer Tempel und Städte an den Persern zu rächen, fielen sie in Asien ein und eroberten Ägypten, Babylon und Persien. Sie zerstörten Städte, die sie selbst nicht hätten erbauen können, und erschlugen zehnmal soviel Menschen, als ihr eigenes Volk Menschen zählt. Nicht genug damit – sie trachten, die ganze Welt zu unterwerfen. Die Griechen aber, die zur Mäßigung raten, schicken sie heim. Mazedonen sind Menschen, die heute so und morgen anders sagen.«

»Schweig!« rief Alexander, bleich vor Wut.

Da sagte Kallisthenes: »Ich tat, was du von mir verlangt hast.«

»Du hast die Mazedonen beleidigt«, sagte Alexander. »Ich habe sie gelobt«, erwiderte Kallisthenes. »Jedes Volk verdient, daß es gelobt und daß es getadelt wird. Ist nicht jedes Wort wahr, das ich gesagt habe?«

Da sagte Alexander zornig: »Du bist ein unübertrefflicher Redner, aber du hast dich verraten. Du bist ein Mann, der die Mazedonen haßt.«

»Ich hasse niemanden«, sagte Kallisthenes.

31
Alexander richtet Philotas

Einer der Reiterführer Alexanders fühlte sich durch den Kniefall besonders gedemütigt: Philotas, der Sohn des Parmenion. Er war stolz, ein Mazedone zu sein. Als Mazedone hatte er tapfer gekämpft – wie sein Vater. Er war freigebig wie Alexander und hatte viele Freunde unter den Mazedonen. Perser und Meder, Baktrier und Parther verachtete er. Als Alexander diese Völkerschaften seinem eigenen Volk gleichstellte, erschien ihm der König als Verräter.

Freilich wäre es ihm nie in den Sinn gekommen, sich gegen Alexander zu erheben. Aber wenn er mit Freunden allein war, so sagte er laut, was er dachte: »Alexander ist kein Mazedone mehr. Er wird nie mehr heimkehren nach Mazedonien. Der Thron Asiens gilt ihm mehr als der Thron seiner Väter. Er hält sich für einen Gott. So wiegt alles, was wir für ihn getan haben, wenig oder nichts. Mein Vater hat in vielen Schlachten für seinen Vater Siege errungen. Das zählt nicht. Ihr alle habt euer Leben hundertmal für Alexander eingesetzt. Das zählt nicht. Nur seine Taten zählen. Er allein hat alles getan.« So sprach Philotas, besonders wenn er getrunken hatte. Dennoch hätte er nie nach dem Leben des Königs getrachtet.

Andere aber waren dazu entschlossen. Und Philotas wurde in den Anschlag verstrickt. Ein Mazedone namens Limnos suchte unter denen, die dauernd um Alexander waren, Verschwörer. Er wandte sich auch an Nikomachos. Aber dieser wollte nichts davon wissen und bat seinen Bruder, zu Philotas zu gehen, damit er den König warnen sollte. Philotas aber wies die Anzeige ab und sagte Alexander nichts von dem Anschlag, vielleicht weil er im Ernst nicht an eine Gefahr glaubte und den König nicht beunruhigen wollte. Nikomachos und sein Bruder aber entdeckten den Anschlag dem Hephaistion. Dieser ließ Limnos sogleich verhaften. Als er sich zur Wehr setzte, wurde er getötet. Bei der Untersuchung kam heraus, daß Philotas die Anzeige unterdrückt hatte.

Alexander witterte Verrat und ließ Philotas vor ein Kriegsgericht stellen. Der König klagte ihn so heftig an, daß das Heer erschrak. Vergebens suchte Philotas sich zu verteidigen. Krateros, der eifersüchtig auf Philotas war, überredete Alexander, er sollte Philotas foltern lassen, und der Gefolterte sagte alles, was ihm in den Mund gelegt wurde.

Am nächsten Tage wurde Philotas nach mazedonischem Brauch hingerichtet. Unter einem Hagel von Speeren brach er zusammen. Mit ihm mußten andere Verdächtige sterben wie er.

32
Alexander läßt Parmenion ermorden

Nach dem Tode des Philotas dachte Alexander mit Furcht an Parmenion. Er war als Statthalter für die eroberten Länder in Ekbatana eingesetzt. Parmenion hatte nach dem Tode des Philotas keinen Sohn mehr. Zwei Söhne waren in den Schlachten von Issos und Gaugamela gefallen. In Parmenions Händen befand sich der Reichsschatz. Die Sicherheit aller Wege nach Mazedonien war ihm anvertraut, und er gebot über eine große

Truppenmacht. Wenn Parmenion das Urteil gegen Philotas für ungerecht hielt und sich empörte, konnte er für Alexander gefährlicher werden als jeder asiatische Feind.

Der König ließ den jungen Reiterführer Polydames und dessen beide Brüder zu sich rufen. Auf sie war ebenfalls ein Verdacht gefallen, doch hatten sie ihn von sich abwenden können. Nun sagte Alexander zu Polydames: »Damit du siehst, daß ich dir besonders vertraue, werde ich dich nach Ekbatana schicken. Du sollst Briefe an Parmenion überbringen, von dem die Verschwörung ausging. Vorher aber sollst du, und zwar in der Nacht, zum königlichen Hauptmann Kleander gehen und ihm einen Brief bringen. Kleander wird dich am Morgen zu Parmenion führen. Da er dich zu den Freunden seines Sohnes zählt und einer der Briefe mit dem Siegel des Philotas verschlossen ist, wird Parmenion keinen Verdacht schöpfen.« Alexander wandte sich an die Brüder des Polydames: »Ihr beide bleibt als Geiseln in meiner Nähe, bis euer Bruder von seinem Ritt zurückgekehrt ist.«

Von zwei Arabern begleitet brach Polydames noch in der gleichen Stunde auf. Sie ritten auf Renndromedaren. Ihr Weg führte durch einen Wüstenstreifen, in dem es nur wenige Wasserlöcher gibt. In der Nacht zum elften Tag kamen die drei Reiter nach Ekbatana, viele Tage früher, als jeder andere Bote da sein konnte.

Polydames ging zu Kleander und gab ihm den Brief des Königs. Kleander war betroffen. Aber am nächsten Morgen kam er mit den beiden Obersten, die Alexander für die Tat bestimmt hatte, in den Palast, um Parmenion die Ankunft des Polydames zu melden.

Parmenion war im Park, der den Palast umgibt. Er kam Polydames entgegen und schloß ihn in seine Arme, weil er Briefe des Königs und seines Sohnes brachte. Als Parmenion den ersten Brief erbrach, stießen die beiden Obersten ihn nieder.

Sobald diese Tat bekannt wurde, empörten sich die Soldaten, die unter dem Befehl Parmenions standen; denn Parmenion war bei ihnen beliebt. Sie drangen in den Park und wollten Kleander, Polydames und die beiden Obersten erschlagen.

Kleander aber zeigte ihnen die Briefe Alexanders, und die Soldaten blickten einander bestürzt an und zogen sich zurück.

Der König ließ alle, die sich empört hatten, aus dem Heer aussondern und zu einer Abteilung vereinigen. Da er mit so großer Strenge verfuhr, wagte niemand mehr, seine Stimme gegen ihn zu erheben.

»Und nun soll der Mörder des Darios büßen«, gab Alexander seinem Heer bekannt.

33
Alexander befreit seinen Bukephalos und begnadigt gefangene Sogdianer

Bessos hatte sich nach dem Tode des Darios die Krone aufgesetzt und nannte sich als König Artaxerxes. Er glaubte sich vor Alexander sicher; denn die Provinz, in der er sich versteckt hielt, war unzugänglich. Schroffe Bergwände ragen dort auf. Weite Strecken sind von wasserloser Wüste bedeckt. In der Sonnenglut brodelt die Luft über dem Sand.

Alexander ließ sich durch solche Schrecken nicht hindern, Bessos zu verfolgen. Um Bukephalos zu schonen, ging er zu Fuß vor seinen Soldaten her, und alle sahen, wie er Hitze und Durst ertrug, während viele entkräftet in den Wüstensand niedersanken.

Nach einigen Tagen kam das Heer an den Oxos, einen mächtigen Fluß. Auf einem Hügel am Ufer ließ Alexander einen Holzstoß entzünden, damit alle, die zurückgeblieben waren, in der Nacht den Weg zum Lager finden konnten.

Wie an der Donau wurden Felle ausgestopft und zu Flößen zusammengebunden. Nach fünf Tagen hatte der letzte Mann den Oxos überquert. Die Jagd auf Bessos ging weiter. Da erhielt Alexander unerwartete Hilfe.

Der Satrap Spitamenes, der selbst nach der Krone der Perser

Achämeniden-Grabmal bei Persepolis

trachtete, verschwor sich mit anderen gegen Bessos. Sie heckten einen Anschlag aus.

Spitamenes ging zu Bessos und sagte ihm, er habe fünf Verschwörer in Fesseln legen lassen. Bessos befahl, sie vorzuführen, und Spitamenes ließ sie vor Bessos bringen. Schon wollte Bessos mit eigener Hand die Beschuldigten niederstoßen, da warfen alle fünf ihre Fesseln ab. Bessos, einen Augenblick starr über so viel Tücke, wurde überwältigt.

Spitamenes lieferte Bessos an Alexander aus, der den Königsmörder hinrichten ließ. Aber damit hörte nicht aller Widerstand auf.

Über die Gebirgstäler geboten Fürsten, die nicht bereit waren, sich zu unterwerfen. Sie verteidigten sich mit flinken Reiterscharen, gegen die ein großes Heer nichts ausrichten konnte. Alexander setzte Soldaten auf sogdianische Pferde. Auch er ritt auf den Streifzügen ein Pferd, das in diesem wilden Lande aufgewachsen war. Bukephalos wurde im Troß mitgeführt.

Eines Tages geriet der Troß in einen Hinterhalt. Bei der Beute, mit der die Feinde davonritten, war auch Bukephalos. Sobald Alexander das erfuhr, nahm er die Verfolgung auf. Die Räuber hatten sich in eine Burg gerettet. Sie trauten auf die festen Mauern und antworteten mit Spott, als Alexander sein Pferd zurückverlangte.

Da ließ er den Männern in der Burg sagen: »Alexander hat sogar eine Burg, die mitten im Meer liegt, erobert. Wenn ihr sein Pferd nicht herausgebt, so wird von der Burg kein Stein auf dem anderen bleiben. Das Land um die Burg wird in eine Wüste verwandelt. Euch wird er zu einem Fraß für die Geier machen. Bringt ihr aber das schwarze Pferd mit dem weißen Flecken auf der Stirn zu Alexander, so wird er euch belohnen.«

Nun flogen die Tore der Burg auf. An der Spitze eines Reiterzuges kam Bukephalos den Burgberg herab. Alexander ging ihm entgegen. Und sogleich fiel Bukephalos in Trab. Die Entführer des Pferdes brachen in Jubel aus, als sie sahen, wie stürmisch Alexander und Bukephalos einander begrüßten. Ihr Anführer sagte: »Einem solchen König wollen wir dienen!«

Das sagten auch andere Sogdianer, die sich Alexander nach erbittertem Kampf ergeben hatten.

»Ihr sollt sterben«, ließ Alexander ihnen erklären. Die Mazedonen wollten den Sogdianern Fesseln anlegen. Sie erhoben Einspruch: »Den Tod fürchten wir nicht, aber Fesseln haben wir nicht verdient.«

Als Alexander befahl, sie ohne Fesseln abzuführen, begannen die Sogdianer zu singen. Erstaunt ließ Alexander sie fragen, ob sie nicht wüßten, daß es zum Sterben ginge. Einer der Verurteilten sagte: »Sterben heißt für uns, daß wir zu unseren Vorfahren entsandt werden. Das ist ein Grund zur Freude.«

Da brachte es Alexander nicht mehr über sich, sie töten zu lassen. Er nahm sie in sein Heer auf.

34
Alexander erobert ein Felsnest und vermählt sich mit Roxane

Bei den Kämpfen in Sogdiana fielen mehr Mazedonen als in den großen Schlachten. Aber Alexander blieb in diesem unwirtlichen Lande unter dem Dach der Welt, bis die letzten Bergnester bezwungen waren. Er drang in Höhen vor, die das ganze Jahr von Eis und Schnee bedeckt sind. Mancher Posten stand erstarrt und gab keine Antwort, wenn die Ablösung kam und ihn anrief. Die Kälte war der gefährlichste Feind; gegen ihn half kein Panzer. Alexander ließ Feuer entzünden, wo immer sich Holz fand. Zu den Feuern drängten sich Krieger und Pferde.

Einmal wurde ein älterer Soldat herbeigeführt, der schneeblind um sich tappte. Alexander stand auf und setzte ihn auf einen Sitz. Er gab ihm heißen Wein zu trinken – alles ohne ein Wort. Vom Feuer und Wein ermuntert, begann der alte Soldat zu poltern: »Was soll dieser Krieg gegen erfrorene Berge! Wer hat hier etwas zu suchen außer diesem Alexander, der nie genug bekommt!« In diesem Augenblick gingen ihm die Augen auf und er sah, wer neben ihm stand und ihn hielt, daß er nicht in das Feuer fiel. Und als er merkte, daß er auf dem Sitz des Königs saß, wollte er auffahren.

Alexander beruhigte ihn und sagte: »Bleib ruhig sitzen, Alter! Du hast dich auf den Stuhl Alexanders gesetzt und nicht auf den des Darios. Was aber mir gehört, gehört euch allen.«

Als letzter sogdianischer Fürst leistete Ariamazes Widerstand. Seine Burg krönt einen Berg, der an drei Seiten senkrecht abfällt. Ein schmaler Pfad führt an der vierten Seite zum Burgtor. Überragt wird die Burg von einem Felsturm. Alexander ließ Ariamazes auffordern, die Burg zu übergeben. Allen in der Burg wurde freier Abzug versprochen.

Ariamazes antwortete, der König möge sich geflügelte Krieger suchen; für gewöhnliche Soldaten, auch für Mazedonen, sei die Burg uneinnehmbar.

Aber Alexanders Stolz ertrug es nicht, daß die Burg unbezwungen blieb. Er ließ im Lager bekanntmachen, daß jeder, der den Felsturm ersteige, mit einem Talent Silber belohnt werden sollte.

Dreihundert meldeten sich. Sie stammten aus den mazedonischen Bergen, waren im Klettern erfahren und brannten darauf, sich vor den Augen des Königs auszuzeichnen. Mit Eisenpflöcken, Hämmern und Seilen begannen sie das Abenteuer bei Anbruch der Nacht. Die Mazedonen lärmten an ihren Lagerfeuern, der Feind merkte nichts.

Die Bergwand war vereist. Dreißig Kletterer stürzten in die Tiefe. Die übrigen aber standen im ersten Morgenlicht auf dem Felsturm über der Burg. Sie entfalteten Fahnen, die sie um ihre Leiber gewickelt hatten. Im Frühwind hoben sich die Fahnen wie Flügel über die Schultern. Alexander ließ dem Ariamazes sagen, die geflügelten Krieger hätten sich gefunden. Mit Schrecken sahen alle, die in der Burg waren, Mazedonen am Rand des Himmels stehen. Da öffnete Ariamazes die Tore der Burg. Die Belagerten fürchteten ein Strafgericht, weil sie sich so lange widersetzt hatten. Aber es kam nicht dazu. In der Burg war auch Roxane, eine Tochter des Ariamazes. Von ihrer

Schönheit bezaubert, beschloß Alexander, sie zur Frau zu nehmen.

Die Hochzeit fand sogleich auf der Burg statt. Um zu zeigen, daß aller Haß ein Ende habe, vermählte sich der Eroberer mit der Tochter seines Feindes nach iranischem Brauch. Er teilte ein Brot mit seinem Schwert und reichte Roxane eine Hälfte.

Ariamazes trat mit seinen Kriegern in Alexanders Heer ein. Seinem Beispiel folgten auch andere sogdianische Fürsten. Und als der verwegene Spitamenes auf ähnliche Weise wie Bessos verraten wurde, war Alexander im ganzen Perserreich unbestrittener Herr.

35
Alexander tötet Kleitos

Die beiden Provinzen, um die Alexander am schwersten gekämpft hatte, gab er Kleitos, der ihm am Granikos das Leben gerettet hatte. In Marakanda setzte er den Heerführer zu seinem Statthalter über Baktrien und Sogdiana ein.

Am Abend der Ernennung lud der König seine Freunde zu sich ein, um Kleitos zu ehren. Aus Mazedonien waren Früchte eingetroffen – Alexander hielt sie für seine Gäste bereit.

Bald wurde das Fest laut. Alle tranken viel. Sänger traten auf und sangen Spottlieder. Sie waren gegen die älteren unter Alexanders mazedonischen Gefährten gerichtet. Dazu zählte auch Kleitos.

Einer der Bänkelsänger scheute sich nicht, sogar Alexanders Vater aufs Korn zu nehmen. Er plärrte ein Lied, in dem es hieß:

> »Bei Chäronea auf blutigem Feld
> hat Philipp aus Angst sich totgestellt –
> zum Glück griff Alexander ein
> und holte den Sieg, er gehört ihm allein.«

Kleitos sprang auf und fragte Alexander, ob eine solche Lüge seinen Ohren nicht zuviel sei. Der König tat, als habe er nichts gehört.

Da begann Kleitos eine Stelle aus einer griechischen Tragödie vorzutragen. Er rief laut:

»Weh, daß so schlechter Brauch in Hellas herrscht!
Stellt Siegeszeichen irgendwo ein Heer auf,
gilt's nicht den Männern, die den Sieg vollbracht –
nein, nur des Feldherrn Name wird gepriesen.«

»Schweig jetzt!« forderte Alexander Kleitos auf.

»Zu viele schweigen schon!« schrie Kleitos. »Parmenion schweigt, der dir und deinem Vater viele Siege errungen hat. Soll auch ich schweigen, dem du verdankst, daß du noch lebst?«

Da sprang Alexander auf und warf Äpfel nach Kleitos. Doch Kleitos sprach weiter, während die Äpfel von seinem Gesicht abprallten: »Hör zu, Alexander! Einmal sollst du die Wahrheit hören. Uns, die von Anfang an mit dir zogen, ist längst die Freude vergangen. Glücklicher als wir sind alle, die bei den Kämpfen fielen. Sie müssen sich nicht an Perser wenden, um Zutritt bei dir zu erlangen.« Alle Mazedonen, die eingeladen waren, sprangen nun auf und versuchten Kleitos zu beruhigen. Er aber schrie Alexander an: »Lade dir künftig keine freien Männer mehr ein, sondern solche, die bereitwillig vor dir niederfallen!«

Nun geriet Alexander außer sich vor Zorn und griff nach seinem Schwert. Doch der Hauptmann der Leibwache hatte es rechtzeitig wegbringen lassen. Alexander rief nach seinen Waffenträgern und befahl dem Trompeter, das Alarmsignal zu blasen, das alle Mazedonier im Lager zu den Waffen ruft. Der Trompeter weigerte sich. Alexander schlug ihm mit der Faust ins Gesicht, doch der Trompeter blieb standhaft. Kleitos war inzwischen aus dem Zelt gezerrt worden.

Da trat er durch einen Eingang, der Alexander näher war, wieder herein und wiederholte die Worte: »Weh, daß so schlechter Brauch in Hellas herrscht!«

Rasend vor Wut entriß Alexander einem Mann der Leibwache den Speer und durchbohrte Kleitos. Alexander war entsetzt. Er riß den Speer aus der Wunde und wollte sich töten. Seine Freunde zerbrachen den Speer. Da warf sich der König an der Leiche des Kleitos nieder, und seine Freunde bewachten ihn drei Tage, daß er sich nicht selbst den Tod gab.

Endlich gelang es dem Seher Aristander, den König zu beruhigen. Drei Tage vor der schrecklichen Tat hatte Alexander dem Seher erzählt, er habe im Traume Kleitos erblickt, wie er unter den Söhnen Parmenions saß. Diese alle aber waren tot.

»Sie haben Kleitos zu sich gerufen«, sagte Aristander. »Dich ruft das Land, von dessen Gipfeln aus du den östlichen Rand der Welt sehen wirst.«

Diese Worte richteten Alexander in seiner Trauer auf.

36

Alexander verbrennt die Beutewagen

Seit den Tagen, da Alexander den Bukephalos gewonnen hatte, träumte er von Indien. In jenem Jahr war ein Papagei aus Indien nach Pella an den Königshof gebracht worden. Der Papagei sprach indische Worte. Aristoteles lehrte ihn griechische Worte sprechen. Der König, die Königin, Alexander, der ganze Hof hatte sich um den Vogel versammelt, dessen Gefieder bunter war als das Gewand persischer Gesandter. Im Heer, mit dem Alexander nach Indien aufbrach, dienten viele Völkerschaften: Perser, Parther, Iranier, Baktrier, Sogdianer, Skythen, Marder, Daker und Massegeten – das Heer war so bunt wie Papageiengefieder. Den Kern des Heeres bildeten die Mazedonen, mit denen Alexander seinen Zug vor sieben Jahren begonnen hatte.

Roxane begleitete Alexander. Viele Fürsten, die im Heer mitzogen, wurden von ihren Frauen begleitet, auch viele Soldaten. Der Troß war groß. Unzählige Wagen standen bereit, mit Beute beladen.

Alexander wußte, daß Gebirge vor ihnen lagen, in denen es für schwerbeladene Wagen keine Straße gibt.

Da ließ er alle Beutewagen absondern, auch seine eigenen. Und er sagte zum Heer: »Wir werden nun den Göttern ein Opfer bringen und alle Beute verbrennen. Wir werden dabei nichts verlieren; denn die Götter werden uns Länder geben, die ebenso reich an Wundern wie an Schätzen sind.«

Ein Murren erhob sich unter den Mazedonen. Als aber Alexander mit einer Fackel seine eigenen Wagen in Brand steckte und die Befehlshaber seinem Beispiel folgten, daß eine große Flamme in den Himmel stieg, da ergriff der Eifer alle Soldaten. Sie selbst warfen ihre Beute ins Feuer und verlangten, daß Alexander sie nach Indien führe.

37
Alexander zieht nach Indien

Je tiefer die Mazedonen in Indien eindrangen, desto größer wurde ihr Staunen. Alles war anders, als sie es gewohnt waren – Tiere und Gewächse und Menschen. Sie sahen Bäume, die ihre Wurzeln weit aus der Erde hoben. Einmal kamen sie an einen Wald aus hohen Stauden, an denen Bündel aus kleinen Halbmonden hingen, die man essen kann, wenn die gelbe Schale entfernt ist.

Bald kam es zu harten Kämpfen. Die Berginder wehrten sich erbittert. Alexander wurde verwundet.

Er teilte das Heer und ließ die eine Hälfte unter Hephaistion und Perdikkas an den Indus vorrücken, mit dem Befehl, eine Brücke über den Strom zu schlagen. Alexander selbst wollte die Bergstämme unterwerfen. Immer eilte er mit einer kleinen Schar dem Heer voraus. Einmal schlugen die Mazedonen ihr Lager bei Nacht auf. Sie wußten nicht, daß die Stadt Mysa in

Elefant aus einem indischen Tempel (Sanchi)

der Nähe war. Auch die Bewohner von Mysa waren ahnungslos. Ein Wald trennte die Stadt vom Lager. Da es kalt war, trugen die Mazedonen Holzstöße zusammen und zündeten sie an. Die Flammen ergriffen den Wald. Die Mysaner wurden durch den Schein und das Prasseln des Feuers geweckt.

Mit Schrecken sahen sie eine Feuerwand auf ihre Stadt zukommen. Und die Mazedonen erfuhren durch lautes Geschrei und Hundegebell, wie nahe sie ihr Lager an einer Stadt errichtet hatten. Leicht hätten die Bewohner von Mysa, wären sie nur wachsamer gewesen, sie überfallen können.

Am heftigsten wurde um den Felsen Aornos gekämpft. Dieser ungeheure Turm aus gewachsenem Stein ist durch eine tiefe Schlucht vom übrigen Gebirge getrennt. Sein Name bedeutet »Ohne Vögel« und soll anzeigen, daß es selbst für Vögel schwer sei, in die Burg, die den Felsen krönt, einzudringen. Hier halfen auch geflügelte Krieger nicht.

Alle Angriffe auf den engen Zugang zum Tor wurden abgewehrt. Es gab große Verluste. Da ließ Alexander einen ganzen Wald fällen. Felsbrocken wurden in die Schlucht gerollt. Der Abgrund füllte sich mit Stämmen und Steinen. Als nach sieben Tagen hölzerne Türme über die eingeebnete Schlucht gegen die Burg vorrückten, ergaben sich die Verteidiger.

Alexander lud sie zu sich an seine Tafel. Und da erzählte der Anführer, von Wein befeuert: »Vor Zeiten ist der Felsen Aornos schon einmal von einem Griechen belagert worden. Herakles hieß dieser Grieche. Er war ein Held, der große Taten vollbrachte. Aber Aornos konnte er nicht bezwingen, obgleich die Erde ihm zu Hilfe kam. Sie bebte, um den Felsen zu erschüttern. Der Fels aber blieb fest wie der Mut seiner Verteidiger. Und Herakles mußte abziehen.«

Für diese Geschichte schenkte Alexander dem Inder sein Schwert. Dem Herakles ließ er einen Altar errichten, auf daß er nicht gekränkt sei.

38
Alexander begegnet dem König Taxiles

Vom Felsen Aornos zog Alexander in sechzehn Tagen an den Indus. Hephaistion hatte dort eine Brücke bauen lassen. Über sie marschierte nun das ganze Heer.

Der König über das Land hieß Taxiles. Er war Taxiles der Hundertvierte. Jeder Herrscher nahm bei der Thronbesteigung den Namen Taxiles an. Daher hieß es, Taxiles regiere seit dem Anfang der Zeiten.

Dieser König kam Alexander mit seinem ganzen Heer entgegen. Er hatte Kriegselefanten in seinem Zug. Von weitem sah es aus, als kämen Kastelle inmitten der Krieger angerückt. Alexander ließ sein Heer halten und so aufstellen, als erwarte er einen Angriff. Sobald Taxiles das sah, brachte auch er sein Heer zum Stehen. Und er allein ritt weiter. Alexander fühlte sich zu einem Zweikampf herausgefordert und ritt dem Inder entgegen. Aber Taxiles griff nicht zur Waffe. Er streckte seine Rechte aus, und Alexander ergriff sie. Der Inder schenkte Alexander sechsundfünfzig Elefanten. Alexander war erstaunt über die große Streitmacht des Inders und fragte ihn, ob er denn mehr Soldaten als Bauern habe.

Da sagte Taxiles: »Da ich von mächtigen Feinden bedrängt werde, sind viele meiner Bauern Soldaten geworden.«

»Sie werden bald wieder auf ihre Felder zurückkehren«, versprach Alexander, »denn nun werden wir uns gemeinsam gegen deine Feinde wenden.«

Alexander fragte nach dem Namen des mächtigsten Feindes. »Er heißt Poros«, sagte Taxiles, »und ist ein Riese an Gestalt, Einsicht und Mut. Er reitet auf einem Elefanten, nicht auf einem Pferd. Sein Reich liegt jenseits des Hydaspes.«

»Dorthin werden wir nun ziehen«, sagte Alexander.

39
Alexander besiegt den König Poros

Der Hydaspes war nach der Schneeschmelze und nach Wolkenbrüchen zu einem reißenden Strom geworden. Brausend zog er vor den Augen Alexanders und seiner Krieger vorüber.

Am anderen Ufer stand eine gewaltige Menschenmauer, aus der zweihundert graue Türme aufragten, die Kriegselefanten des Königs Poros. Alexander sah, daß es unmöglich war, hier über den Hydaspes zu setzen. Da ersann er eine List.

Tag um Tag wurde im Lager Lärm gemacht. Die Posten des Königs Poros gewöhnten sich daran. Eines Nachts rückte Alexander bei strömendem Regen mit fünftausend Reitern und sechstausend ausgesuchten Soldaten den Hydaspes hinauf bis zu einer Stelle, an der eine Insel im Flusse liegt. Aus tiefziehenden Wolken fielen brennende Speere. Zwölf Reiter und vier Fußsoldaten wurden erschlagen. Unmittelbar neben Alexander fällte ein Blitz einen mächtigen Baum. Der Strom war über seine Ufer getreten und riß Flöße und Baumstämme, an denen sich Soldaten festhielten, mit sich fort. Viele ertranken, auch einige Pferde. Aber schließlich wurde das andere Ufer erreicht. Alexander gönnte seinen Soldaten eine Rast bis Tagesanbruch. Dann zog er mit ihnen den Strom hinab. König Poros witterte die Gefahr. Er schickte eine Reiterschar unter Führung seines Sohnes zur Erkundung entgegen. Im Gefecht fanden der Königssohn und zahlreiche indische Reiter den Tod. Die Entkommenen meldeten das Anrücken Alexanders.

Poros machte sich zur Schlacht bereit. Er zog seine Truppen zu einer breiten Front auseinander. Dreihundert Kampfwagen deckten die Flanken. An sie schlossen sich die Reiter an. Das Fußvolk stand in der Mitte, jeweils hundert Mann hinter einem Elefanten.

Alexander brach mit seinen Reitern in die linke Flanke der Inder und traf sie so schwer, daß Reiter und Wagen flohen. Die mazedonischen Speerkämpfer rückten gegen die Mitte vor. Dort thronte Poros auf seinem Elefanten. Mazedonische Bogenschützen überschütteten alle Elefanten mit einem Pfeilhagel. Verwundete Tiere wendeten sich zur Flucht und zerstampften alles, was ihnen im Wege war.

Poros kämpfte bis zuletzt. Der Riese schleuderte seine Speere. Er blutete aus mehreren Wunden wie sein Elefant. Als er keine Waffe mehr hatte, gab er dem Elefanten den Befehl, sich auf seine Knie niederzulassen. Der König stieg vom Elefanten und brach zusammen. Kniend blieb der Elefant bei seinem Herrn. Mit dem Rüssel versuchte er, einen Pfeil aus der Schulter des Königs zu ziehen.

So erblickte ihn Alexander. Er kam zu Fuß heran, da sein Bukephalos in der Schlacht gefallen war. Auch der Elefant des Poros blieb tot auf dem Feld. Poros aber erholte sich von seinen Wunden. Als Alexander ihn fragte, wie er ihn behandeln solle, sagte Poros: »Königlich.« Da ließ Alexander ihm sein Reich und fügte noch Land hinzu. Poros und Taxiles söhnte er aus, und so wurde ein alter Streit beendet.

Wo Bukephalos den Tod gefunden hatte, ließ Alexander eine Stadt erbauen, der er den Namen seines Pferdes gab.

40
Alexander wird von König Dindimus belehrt

Von Poros und Taxiles erfuhr Alexander, daß es noch andere Könige im großen Indien gab, so viele Könige wie Ströme. Die Ströme seien breit und die Könige mächtig. »Alle Könige haben Kriegswagen und Kriegselefanten wie ich«, sagte Poros. »Der Strom, zu dem du zuerst kommen wirst, ist der Hyphasis.«

Da nahm Alexander Abschied von König Poros, um weiter nach Osten zu ziehen. Bald kamen Späher zu Alexander und sagten: »Wir haben einen König gefunden, der im Walde lebt. Er heißt Dindimus und hat keine Kriegswagen und Kriegselefanten. Er hat kein Haus und trägt ein einfaches Gewand. Er ist allein und von großer Würde.«

»So führt ihn her, diesen Waldkönig«, verlangte Alexander, »ich möchte ihn sehen und mit ihm reden.«

»Wir wollten ihn mitbringen«, sagten die Späher, »aber er wollte nicht mit uns gehen. Wir haben ihm gedroht, doch er kennt keine Furcht.«

Nun ließ sich Alexander zu Dindimus führen.

Dindimus saß unter einem Baum auf der bloßen Erde. Er war nur mit einem Mantel bekleidet. Dindimus lud Alexander ein, sich zu ihm zu setzen. Alexander blieb stehen und sagte spottend: »Wo ist dein Haus, König Dindimus?« Dindimus deutete auf den Baum, unter dem er saß.

»Und wo ist deine Tafel, König Dindimus?«

Dindimus deutete vor sich auf den Boden. Da stand eine Schale mit Früchten und ein Krug mit Wasser.

»Und wo ist dein Reich, König Dindimus?«

Da sagte Dindimus: »Die Sonne, die uns allen scheint, die Luft, die wir alle atmen, das Land, das wir alle sehen, ist mein Reich. Was brauche ich mehr?«

Alexander, der so viele Länder erobert hatte, wurde unwillig und sagte: »Wie kannst du behaupten, daß du ein König bist, da du keine Macht hast?«

Dindimus sagte: »Ich hatte Macht. Mein Vater hinterließ mir ein großes Heer. Ich habe alle Soldaten nach Hause geschickt, damit sie die Felder bestellen.«

Alexander sagte: »Und wer wird dich schützen, wenn einer kommt und dich bedroht?«

»Warum sollte mich einer bedrohen?« fragte Dindimus. »Ich besitze weniger als jeder andere. Darum ist mein Schlaf leicht, und ich wache auf ohne Sorgen.«

Da dachte Alexander an den weisen Diogenes, dem er in Korinth begegnet war, und spottete nicht mehr.

»Ich muß nun weiterziehen«, sagte Alexander, »da ich noch einen weiten Weg habe.«

»Wohin willst du?« fragte Dindimus.

»An das Ende der Welt«, sagte Alexander.

Da blickte ihn Dindimus verwundert an und sagte: »Was hast du so große Eile? Dorthin kommen wir doch alle.«

41
Alexander greift einen Waldrand an

Bei einem Erkundungsritt, den Alexander mit wenigen Reitern unternahm, sah er an einem Waldrand eine lange Reihe von Gestalten, die da lauerten. Alexander ließ seine Reiter halten. Auch sie sahen, daß der Waldrand besetzt war. Alexander befahl anzugreifen. Im Galopp, die Lanzen über den Köpfen, ritten die mazedonischen Reiter auf den Waldrand los.

Plötzlich kamen die Bäume in Bewegung. Die Angegriffenen kletterten in großer Eile die Stämme hinauf – bis in die Wipfel. Die Zweige schlugen auf und nieder wie Flügel. Als die Mazedonen nahe genug waren, fielen einige von ihnen vor Lachen vom Pferd. Es waren nicht indische Krieger, die sie erschreckt und in die Flucht geschlagen hatten, sondern Affen. Über hundert Affen grinsten von den Baumwipfeln herab.

Alexander kehrte mit den Reitern in das Lager zurück, und nun gab es im ganzen Heer großes Gelächter über die Affenschlacht.

42
Alexander kehrt um

Aber schon am nächsten Tag kam von Alexander der Befehl, weiterzuziehen. Das Heer war über seine Ungeduld erschrokken. Nur mit Mühe schleppten sich die Soldaten von einem Rastplatz zum anderen. Viele waren krank. Nun stellten sich keine Heere mehr in den Weg. Vom Himmel fiel Regen – seit siebzig Tagen! Mancher Landstrich wimmelte von Schlangen, deren Biß tödlich war. Die Rüstungen verrotteten, die Kleider hingen in Fetzen. Als die Mazedonen an den Hyphases kamen, konnten sie das andere Ufer nicht sehen. Alexanders Freunde blickten über die Flut hin, und einer sagte: »Das ist das Ende der Welt.«

Da kam ein indischer Fürst ins Lager, der sich Alexander unterwarf und ihm Geschenke brachte. Der Fürst sagte: »Das Ende der Welt liegt noch weit von hier. Jenseits des Hyphases breitet sich ödes Land aus. In zwölf Tagemärschen kommt man an den Ganges, den mächtigsten indischen Strom. Dort wohnen reiche Völker. Ihre Könige sind kriegerisch, und einer von ihnen, Agrammes, gebietet über sechstausend Kriegselefanten.«

Da sagte Alexander: »Noch niemals hat uns eine Zahl eingeschüchtert. Wir sind gewohnt, Elefantenheere zu besiegen.«

Er befahl, Flöße zu bauen, auf denen in einer Woche der Hyphases überschritten werden sollte.

Gegen Abend riß die Wolkendecke auf. Am andern Tag war die Luft wie Glas. Im Nordosten glänzte der Himalaya, eine unübersteigbare Mauer.

Von Alexanders Befehl, über den Hyphases zu setzen, hörten alle Soldaten mit Schrecken. Sie versammelten sich vor dem Zelt ihres Königs und warteten schweigend, bis Alexander erschien.

Er musterte sie mit verschlossenem Gesicht. Dann rief er laut: »Was wollt ihr?«

Als keiner von ihnen ein Wort sagte, sprach er: »Ich weiß, was ihr wollt. Aber ich kann es euch nicht geben. Geht in eure Zelte!«

Keiner ging.

»So sprecht wenigstens, daß ich nicht in einer Wüste stehe«, forderte Alexander. Er trat auf Koinos zu, der es während des Feldzuges vom gewöhnlichen Soldaten bis zum Befehlshaber gebracht hatte, und schüttelte ihn: »Steh nicht wie ein Stein da! Rede, wenn du mir etwas zu sagen hast!«

Da sprach Koinos: »Ich spreche nicht für mich allein. Alle, die hier stehen, bitten dich: Führ uns heim! Seit acht Jahren entbehren wir die Heimat. Die Fremde verschlingt uns. Sie macht uns krank. Haben wir nicht genug Kämpfe bestanden, nicht genug Siege errungen, nicht genug Flüsse überschritten, nicht genug Felsen erstürmt? Hast du nicht deinen Auftrag erfüllt und Griechenland an den Persern gerächt? Ist es nicht genug, daß du Pharao von Ägypten und Großkönig von Asien bist? Lockt dich der Rest der Welt mehr als das Land, das dich geboren hat, uns alle?« Koinos deutete auf die Gipfel des Himalaya und rief: »Zieht dich diese Mauer aus Fels und Eis stärker als die Berge und Täler Mazedoniens?«

Da sagte Alexander: »Niemals habe ich Mazedonien vergessen. Wir werden dorthin zurückkehren. Aber warum wollt ihr einen Schritt vor dem Ziel umkehren? Warum wollt ihr mich und euch um den letzten Sieg betrügen?«

Ein einfacher Soldat trat vor und sagte: »Sieh uns an! Wir sind lebloser als Tote. Ehe du uns einen Befehl gibst, mußt du uns Leben einhauchen. Was soll uns noch ein Sieg nach so vielen Siegen? Nicht mehr in Blut will ich diese Hand tauchen, sondern in den Brunnen vor meinem Haus.« Er streckte die Hand gegen das Heer hin und rief: »Sie alle wollen das.«

Da brachen die Tausende, die zerlumpt und bleich vor Alexander standen, in Tränen aus. Alexander wandte sich ab und ging in sein Zelt.

Niemand durfte zu ihm. Am dritten Tage rief er nach Hephaistion. Und dieser kam mit einer Botschaft Aristanders. Der Seher ließ dem König sagen: »Die Götter erwarten, daß wir umkehren. Dionysos fühlt sich beleidigt, weil ein anderer tiefer in Indien eingedrungen ist als er.«

Da ließ Alexander dem Heer das Orakel verkünden. Darauf erhob sich so großer Jubel, daß Alexander erschrak. Einige Soldaten drangen, vor Freude außer sich, in sein Zelt und holten ihn in die Mitte des Heeres. Viele versuchten seine Hände zu fassen, und Koinos, der vor drei Tagen geredet hatte, wurde auch jetzt zum Sprecher des Heeres und sagte: »Wir werden dir auf einem zweiten großen Zug folgen, und ginge es bis zu den Säulen des Herakles!«

Am Flußufer wurden auf Alexanders Befehl zwölf große Altäre errichtet, jedem griechischen Gott ein Turm. Er gründete eine Stadt mit seinem Namen und nannte sie Alexandrien das Äußerste. An diesem Tage sagte Kallisthenes zu Alexander: »Alle Siege habe ich dir zugetraut, nur nicht diesen. Da du ihn errungen hast, stehen alle Zweifler beschämt – auch ich.«

Durch strömenden Regen marschierte das Heer zurück an den Hydaspes.

43
Alexander fährt den Indus hinab

Am Hydaspes ließ Alexander das Heer zwei Monate lang rasten. Es gab großes Rätselraten, als Krateros mit Soldaten und Einheimischen in die Vorberge des Himalaya zog und mit Tausenden von Baumstämmen zurückkam. Aus den Bäumen wurde eine Flotte. Alexander ließ achtzig große Ruderschiffe als schwimmende Burgen bauen, dazu zweihundert Lastkähne für Soldaten, Pferde, Getreide und Waffen. Mehr als tausend weitere Boote wurden aufgekauft oder beigetrieben. Kreter, Ägypter, Karer, Phönizier und Inselgriechen, die im Troß mitgezogen waren, stellten die Besatzungen. Alexander war entschlossen, zum Meer im Süden zu fahren.

Anfang November begann eine Flußfahrt von unerhörter Pracht. An beiden Flußufern zogen Hügelketten mit, je zweihundert Elefanten, die Alexander von indischen Königen und Fürsten geschenkt bekommen hatte. Sie waren in Purpurdekken gehüllt und trugen wehende Büsche auf ihren Häuptern. Dahinter marschierte in zwei mächtigen Kolonnen das Hauptheer, von Hephaistion und Krateros geführt.

Bei Sonnenaufgang hatten nach einem feierlichen Opfer Alexander, seine engsten Begleiter, die Reiter und Bogenschützen, die Schiffe bestiegen, die unter Segeln in allen Farben fuhren. Die Rufe der Ruderer und Lieder der verschiedenen Völkerschaften lösten einander ab. In Scharen kamen Inder aus den Wäldern und zogen ein Stück des Weges mit. Sie machten

Musik auf Trommeln und Flöten und erfreuten bei den Rasten die Soldaten durch Tänze. Dieses Fest auf dem Strom und an seinen Ufern dauerte viele Wochen. Alle waren fröhlich, auch Alexander. Einmal sagte er: »Der Gott der Freude, Dionysos, zieht zum zweiten Mal durch Indien. Er führt unsern Zug.«

Als die Flotte sich der Stelle näherte, an der sich der Hydaspes mit dem Akesines, dem mittleren der Fünf Ströme vereint, hatte das große Fest plötzlich ein Ende. Stromschnellen und Strudel bedrängten die Schiffe und trieben sie gegeneinander; denn der Zusammenstoß der Ströme wirft eine Brandung auf, und im trüben Wasser lauern Schlammbänke.

Eilig wurden die Segel eingeholt, denn auch der Wind fiel heftig über die Flotte her. In der wilden Strömung schlugen zwei große Schiffe und mehr als dreißig der kleineren um und versanken. Auch das Schiff, auf dem Alexander fuhr, wurde von einem Strudel erfaßt. Das Steuer brach, das Schiff fuhr im Kreise, dem Wüten der Flut ausgeliefert. Alexander sprang ins Wasser und versuchte sich ans Ufer zu retten. Kleine Boote kamen ihm zu Hilfe.

Er war bleich wie ein Toter, als er endlich in ein Boot gezogen werden konnte. Als er aus tiefer Ohnmacht erwachte, war auch für die Flotte die Gefahr vorüber. Die Schäden wurden rasch ausgebessert.

Am Zusammenfluß der beiden Ströme ließ Alexander zwei Altäre errichten. Ohne neue Tücken trugen die Fluten die Schiffe dem Südmeer entgegen.

44
Alexander begibt sich in der Burg der Maller in tödliche Gefahr

Aber nun stellten sich kriegerische Völker in den Weg. Sie hatten feste Städte und große Heere. Ihren Fehden untereinander machten sie ein Ende, um Alexanders Heer zu schlagen. Schon hatten sie sechzigtausend Krieger, zwölftausend Reiter und achthundert Streitwagen zusammengebracht, als ihre Fürsten wegen des Oberbefehls in Streit gerieten und jeder grollend mit seinen Kriegern abzog. Mit einzelnen Stämmen kam es zu schweren Kämpfen. Durch einen Wüstenstreifen rückte Alexander gegen die Maller vor und nahm mehrere ihrer Städte. In die Hauptstadt hatten sich viele Maller geflüchtet. Die Burg war von ihren besten Kriegern besetzt.

Alexander war erbittert, weil durch die Kämpfe seine Fahrt zum Meer verzögert wurde. Er ließ die Mauern untergraben und Rammböcke vor die Stadttore bringen. Auf drei Seiten wurden Sturmleitern angelegt. Von Booten aus flogen Brandfackeln in die Stadt. Eines der Tore wich aus den Angeln. Die Mazedonen drangen ein.

Die Burg aber ergab sich nicht. Ihre Mauer stand auf Fels,

Münzbild Alexanders mit Widderhörnern und Elefantenhaut. Tetradrachme

und ihr Tor war gepanzert. Die Verteidiger überschütteten die Angreifer mit Pfeilen und Speeren.

Rasend vor Wut ließ Alexander Leitern anlegen, die sich in den Mauerkranz krallten. Gedeckt von Hunderten von Bogenschützen gelang es ihm, mit Peukestes, Leonatos und Abreas die Mauer zu ersteigen. Dort oben aber sahen sich die Vier einem Pfeilhagel ausgesetzt und konnten selbst nichts tun. Da sprang Alexander von der Mauer in die Burg, mitten in ein Getümmel von Mallern, die entsetzt zurückwichen. Doch dann drangen sie auf den einzelnen Mann mit dem silberglänzenden Helm ein. Alexander durchbohrte drei Angreifer mit seinem Schwert. Die Maller versuchten, Alexander mit Pfeilen zu töten. Sein Schild wurde schwer. Nun sprangen auch seine Begleiter. Abreas wurde sogleich tödlich getroffen. Und da traf auch Alexander ein Pfeil, der tief in die Brust drang. Peukestes und Leonatos deckten den König, bis weitere Hilfe kam.

Aus der eroberten Stadt wurde Alexander auf seinem Schild getragen. In tiefem Schweigen stand das Heer, da alle dachten, Alexander sei tot. Doch als der Pfeil aus der Wunde entfernt wurde, kam der König durch den Schmerz wieder zu sich. Er ließ sich auf sein Schiff bringen, weil alle ihn dort sehen konnten. Jubel brach los, als er mit der Hand winkte. Die Soldaten drängten ans Ufer, warfen die Helme hoch und schwenkten Schilde und Waffen.

Nach vier Tagen ging Alexander über die Schiffbrücke an Land, ohne daß einer ihn stützte. Als er sogar ein Pferd bestieg, widerhallten die Hügel von Rufen. Jeder wollte dem König nah sein und einen Blick von ihm empfangen. Die Gesichter glänzten von Tränen der Freude.

45
Alexander stellt gefangenen Brahmanen Fragen

Das Winterlager wurde im Lande der Musikaner aufgeschlagen. Dort heilte Alexanders schwere Wunde. Er feierte die Genesung mit Opfern und Spielen.

Das Land war ruhig, bis die Brahmanen die Völker aufhetzten. Fünf gefangene Brahmanen wurden vor Alexander gebracht, damit er ihnen das Urteil spräche. Er sagte: »Ihr alle habt den Tod verdient, da wegen eurer Hetzreden viele nicht mehr am Leben sind. Dabei rühmt ihr euch selbst großer Weisheit! Ich werde euch prüfen und jedem eine Frage vorlegen. Wer eine schlechte Antwort gibt, hat sein Leben verwirkt.«

Alexander fragte den ersten: »Welches von allen Tieren ist das schlaueste?«

»Ein Tier, das der Mensch noch nicht kennt«, sagte der erste Brahmane, und der König gab ihn frei.

Den zweiten fragte er: »Was ist stärker, der Fels oder das Wasser?«

»Das Wasser«, sagte der zweite, »denn es zernagt den Felsen und sprengt ihn sogar, wenn es zu Eis wird.«

Alexander gab auch ihn frei und fragte den dritten: »Was war früher, der Tag oder die Nacht?«

»Die Nacht«, sagte der dritte, »der Tag mußte erst schlafen, um aufwachen zu können.«

Auch der dritte kam frei.

Den vierten fragte Alexander: »Wer sieht mehr, das Auge oder der Verstand des Menschen?«

»Der Verstand«, sagte der vierte, »mit dem Verstand kann der Mensch sogar um Ecken sehen.«

Da lachte Alexander und sagte: »Deine Antwort gefällt mir so gut, daß ihretwegen gleich zwei die Freiheit erhalten werden.« Und so wurden auch dem fünften Brahmanen die Fesseln gelöst. Alexander entließ sie mit der Mahnung, sie sollten künftig Frieden stiften und nicht Krieg.

Der fünfte Brahmane hieß Kalanos. Er war schon sehr alt.

Zu Alexander sprach er: »Ich bin dir besonderen Dank schuldig, weil du mir eine Antwort erspart hast. Daher will ich dich ein Stück auf deinem Weg begleiten, wenn es dir recht ist.« Dem König gefiel der Vorschlag. Kalanos blieb in seinem Gefolge. Der Brahmane durfte mit dem Schiff fahren, das Alexander bestieg.

46
Alexander fährt in den Ozean hinaus

Im Winterlager hatte Alexander so viele Schiffe bauen lassen, daß sein halbes Heer den Indus hinabfahren konnte bis zu der Stelle, an der sich der Indus in zwei Arme teilt.

Dort liegt die Inderstadt Pattala.

Von Pattala segelte Alexander mit fünf Schiffen den westlichen Indusarm hinab, um in den Ozean, der alles Land umfließt, hinauszufahren.

Seltsamerweise wußten die Fischer, die in den Dörfern am Fluß wohnten, von keinem Meer. Aber die Steuerleute Alexanders behaupteten, in der Luft sei schon der Salzhauch des Ozeans.

Schließlich kamen sie an ein Dorf, in dem die Bewohner sagten, eine Tagesfahrt weiter werde der Fluß bitter.

Das war so. Als sie am andern Tag Wasser aus dem Indus schöpften, schmeckte es salzig. Und bald darauf bemerkten sie, daß der Strom entgegenfloß.

Alexander ließ die Schiffe zum Ufer rudern. Er ging mit seinen Begleitern an Land, um Lotsen zu suchen. Sie fanden niemanden. Wie groß aber war ihr Erstaunen, als sie nach langer Suche zurückkehrten! Die Schiffe waren auf Grund gesetzt und ragten aus flachem Wasser.

In Furcht und Zweifeln ging eine Nacht hin. Am Morgen begann der Fluß zu steigen. Er hob sich mit großer Gewalt. Die Schiffe stießen gegeneinander. So erfuhren die Mazedonen Ebbe und Flut.

Noch ehe das Wasser wieder fiel, steuerte Alexander sein Schiff auf das offene Meer hinaus, zunächst zu einer Insel. Es war ein wüstes Eiland, auf dem weder Baum noch Strauch wuchs. Von der Insel segelte Alexander so weit nach Süden, bis er nur noch Wasser und Himmel sah. Er warf Opfergaben in die Flut und dankte den Göttern dafür, daß sie ihm den größten seiner Wünsche erfüllten: über den Rand der Erde hinaus zu gelangen. Nun dachte Alexander an Heimkehr. Ein kleiner Teil des Heeres sollte auf Schiffen von der Indusmündung zum Euphrat gebracht werden. An Schiffen fehlte es nicht, auch nicht an Seeleuten. Nur der rechte Admiral mußte noch gefunden werden. Alexander beriet mit seinen engsten Freunden Hephaistion und Nearch.

»Auf dem Lande haben alle Mazedonen Mut bewiesen«, sagte Alexander. »Aber wie wird es sein, wenn das Meer sie mit Stürmen überfällt? Wem sollen sie vertrauen?«

Da sagte Nearch: »Gib mir das Kommando!«

»Niemals setze ich einen meiner Nächsten einer so großen Gefahr aus«, sagte Alexander.

»Nur wenn du das tust, wirst du die Männer auf den Schiffen beruhigen«, sagte Nearch. »Und wer sonst wäre geeigneter als ich? Ich bin ein Kreter. Mir ist das Meer von Kind an vertraut. Der Gott des Meeres wird nichts gegen uns haben, denn weder du noch ich haben ihn erzürnt.«

Da ernannte Alexander Nearch zum Admiral der Flotte. Diese Nachricht erfüllte die Schiffsmannschaften mit so großer Zuversicht, als habe Alexander selbst das Kommando übernommen. Mit Eifer wurden nun die Schiffe für die Küstenfahrt ausgerüstet und wie zu einem Fest geschmückt. Jeder Kapitän versuchte die besten Seeleute für sein Schiff zu bekommen. So groß war die Begeisterung, daß Kapitäne und Matrosen sogleich in See gehen wollten.

Doch die Winde wehten vom Ozean her auf das Land zu und machten eine Meerfahrt unmöglich. Erst Ende September, so sagten die Inder, drehen die Winde. Bis dahin mußten die Schiffe auf dem Indus bleiben.

47
Alexander zieht mit dem Heer durch die Wüste Gedrosien

Alexander zog mit hunderttausend Mann durch die Wüste Gedrosien. Es trieb ihn zu einer Tat, die vor ihm nur die Königin Semiramis von Babylon und der Perserkönig Kyros gewagt hatten. Das babylonische und das persische Heer waren in der Wüste untergegangen. Die Dörfer am Wüstenrand waren leer. Die Bewohner hatten sich vor den anrückenden Mazedonen in Schlupfwinkel verkrochen. Die Wüste empfing das Heer mit Myrrhenbäumen. Die Händler im Troß sammelten das Harz, das an den Stämmen niederrann. Unter den Tritten der Soldaten und Tiere vergingen große Blüten, die betäubend dufteten. Bald gab es nur noch Dorngesträuch, durch das die Soldaten sich mit ihren Schwertern hauen mußten. Und dann breitete sich Sand aus, von Steinen besät.

Das Heer marschierte nach Südwesten zur Küste. Dort sollten für die Flotte Brunnen gegraben und Vorräte gespeichert werden. Nirgendwo war Wasser zu finden. Alle Flüsse waren versiegt. In den Flußbetten glühte Geröll.

Einmal aber wurde ein toter Fluß in wenigen Minuten zum reißenden Strom. Es war Mittag. Das Heer rastete im Flußbett. Die Pferde und Lasttiere witterten die Gefahr und rissen sich los. Da rannten auch die Soldaten um ihr Leben. Mit unheimlichem Rauschen kam eine Flutwelle angestürmt. Behälter und Helme, mit denen die Mazedonen Wasser schöpfen wollten, wurden fortgerissen. Nach drei Stunden war der Spuk vorüber, das Flußbett begann wieder zu glühen.

Alexander wählte nun den kürzesten Weg durch die Wüste. Wüstenbewohner führten das Heer von Wasserstelle zu Wasserstelle. Am Tage suchten Menschen und Tiere unter Zelten und Decken Schutz vor den mörderischen Blicken der Sonne. Nachts wurde marschiert, wenn der Wüstensand im Licht der Sterne und des Mondes silbern glänzte.

Die Vorräte wurden knapp. Die Reiter schlachteten ein Pferd

nach dem andern. Auch die Lasttiere mußten sterben. Die Wachen brachen sogar die Wagen auf, in denen Getreide und Datteln für die äußerste Not eingeschlossen waren. Die Schuldigen blieben ohne Strafe, weil die äußerste Not nun da war. Der Heereszug wankte durch tiefen Sand, der bei jedem Schritt nachgab. Viele blieben zwischen den Dünen liegen, niemand sah sich nach ihnen um. Wer stehenblieb, konnte nicht hoffen, das nächste Wasserloch zu erreichen.

Sandstürme hatten die Wegmarken umgerissen. In mancher Nacht gingen die Wegsucher in die Irre. Dann wurde bei Tage weitermarschiert, durch fiebernde Luft. Blut trat in die Augen. Die Soldaten warfen ihre Waffen weg. Sie erblickten Wassertümpel und rannten auf sie zu, bis ihre Füße sie nicht mehr trugen. Andere verloren aus Angst den Verstand, weil sie riesige Schlangen oder Skorpione auf sich zukommen sahen.

Einmal brachte ein Wegsucher einen Helm gefüllt mit Wasser zu Alexander. Alexander sah die Blicke seiner Soldaten. Da versagte er sich zu trinken und goß das Wasser in den Sand.

Nach sechzig Tagen wurde der Rand der Wüste erreicht. In diesen zwei Monaten hatte Alexander mehr Menschen als in den neun Jahren seines Zuges von Mazedonien bis an den Indus verloren.

In Pura, der Hauptstadt Karmaniens, sammelte sich das zusammengeschmolzene Heer. Alexander führte es weiter nach Westen. Er wollte zur Küste; denn er hatte lange nichts von Nearch und der Flotte gehört und bangte um sie.

48
Alexander läßt Nearch und die Flotte suchen

Nearch aber hatte die Küste von Karamanien glücklich erreicht und beim Hafen Harmozeia Anker geworfen. Als er Späher ins Land schickte, trafen sie einen Mann, der wie ein Grieche aussah und griechische Kleider trug. Als sie ihn mit griechischen Worten anredeten, war er erfreut und sagte: »Ich komme vom Lager Alexanders. Er ist nur wenige Tagesmärsche von hier.« Da brachten die Späher den Griechen zu Nearch. Im Schiffslager brach großer Jubel aus. Nearch schickte den Griechen gleich zu Alexander und kündigte an, er werde in wenigen Tagen nachkommen, sobald das Schiffslager genügend befestigt sei.

Als nun der Bote beim Heer eintraf, war auch dort die Freude groß, und der Bote wurde reich belohnt. Aber Tag um Tag ging hin, und Nearch kam nicht. Alexander ließ den Boten als Lügner in Fesseln legen und sandte Späher mit Pferden und einem Wagen aus. Auf halbem Weg zum Meer stießen sie auf fünf Männer, die verwildert aussahen. Die Späher betrachteten sie mit Argwohn. Doch dann fragten sie die Elendsgestalten, ob sie etwas von Nearch und der Flotte der Mazedonen gehört hätten. Einer der Zerlumpten sprach: »Ich bin Nearch. Und dies sind vier meiner Männer. Führt uns zu Alexander!«

Die fünf bestiegen den Wagen. Zwei Reiter ritten zu Alexander voraus und sagten ihm: »Wir haben Nearch und vier seiner Männer gefunden. Sie sind auf dem Weg zu dir.«

Und schon fuhr der Wagen ins Lager ein. Auch Alexander konnte nicht erkennen, wer von den fünf Männern Nearch war. Erst als der Admiral sprach, zerstreuten sich Alexanders Zweifel. Er umarmte Nearch und die vier Begleiter und sagte: »So seid wenigstens ihr fünf gerettet, und ich will den Göttern dafür danken. Aber nun sagt mir, wo ging die Flotte unter?«

Da sprach Nearch: »Wer redet von Schiffbruch! Bis auf drei Schiffe ist die ganze Flotte im Hafen von Harmozeia, fünf Tagemärsche von hier.«

Als Alexander das hörte, stürzten Tränen aus seinen Augen.

Noch einmal umarmte er den Admiral und sagte dann: »Diese Nachricht ist mir mehr wert als alle meine Siege.«

Nun jubelten alle. Der König bewirtete die fünf Männer selbst. Und der Bote, der in Fesseln gelegt war, bekam seine Freiheit zurück, und seine Geschenke wurden verdoppelt.

49
Alexander empfängt den Bericht von der Meerfahrt Nearchs

»Nun aber erzähl uns, Nearch!« forderte Alexander seinen Admiral auf.

Und Nearch gab vor dem König und dem Heer seinen Bericht. Er stieg auf einen Sockel, daß viele ihn sehen konnten, und sprach mit lauter Stimme: »Wie ihr alle wißt, sollten wir am Indus warten, bis die Winde nicht mehr vom Meere kämen, sondern vom Land. Aber unsere Ungeduld wuchs mit dem Warten. Und als eine Windstille eintrat, nahmen wir das als ein Zeichen des Wechsels und ruderten aus dem Fluß hinaus auf das Meer. Wir fuhren durch einen Sund. Zur Linken war eine lange Insel, zur Rechten felsiges Gestade. Dann fanden wir einen guten Hafen – zu unserm Glück; denn der Wind vom Meer hob wieder an und hielt uns fest. Vierundzwanzig Tage blieben wir im Hafen, dem wir den Namen Alexanders gaben. Wir holten Wasser tiefer im Lande, weil die Brunnen an der Küste vom Meer verdorben waren, und fingen Fische und Krebse. Sobald der Wind es zuließ, fuhren wir weiter nach Westen. Nach zwei Tagen überfiel uns ein Sturm. Zwei Ruderschiffe und ein Segler scheiterten an Klippen. Die meisten Schiffbrüchigen konnten sich retten, weil das Land nahe war. Als der Sturm sich gelegt hatte, ankerten wir.

Groß war unsere Freude, da in den nächsten Tagen Leonatos mit einer Heeresabteilung aus der Wüste an das Meer kam. Ihm gab ich alle Männer mit, die sich auf den Schiffen als Faulpelze erwiesen hatten, und tauschte sie gegen Fleißige ein. Unter günstigem Wind ging es weiter bis zu einer Bucht, wo wir Krieger am Ufer stehen sahen. Sie trugen Holzspeere, im Feuer gehärtet. Es waren wilde Menschen, über und über behaart. Als wir Boote aussetzten und sie angriffen, erschraken sie über unsre schimmernden Rüstungen und liefen davon. Einige konnten wir fangen. Sie trugen Felle und Fischhäute als Kleider. Ihre erbärmlichen Hütten sind aus Lehm und Muscheln gebaut. Die Fische schlitzen sie mit Steinmessern auf.

Immer wieder versuchten wir Brunnen zu graben, denn wir litten viel Durst. Nach einigen Wochen kamen wir an Küsten mit Palmen, Myrten und Blumen. Wir ernteten Datteln. Schafe und Fische wurden uns von den Küstenbewohnern als Geschenke gebracht, später auch Ziegen, gebratener Thunfisch und Kuchen. Und endlich fanden wir einen Ort mit Mauern.

Dort bot sich uns ein Lotse an. Er hieß Udraka, was Fischotter bedeutet. Dieser Fischotter war ein tüchtiger Mann. Er wußte die Stellen, an denen wir Wasser finden konnten. Als wir nichts mehr zu essen hatten, riet er uns, Palmsprossen zu ernten und zu verzehren.

Später kamen wir zu den Fischessern, die keine Boote haben. Sie gehen in das Meer hinaus, wenn es zurückweicht, und holen aus den Tümpeln mit Netzen, was sie zum Leben brauchen. Ihr Brot ist aus Fischmehl gebacken.

Vor der Küste der Fischesser bestanden wir ein großes Abenteuer. Bei ruhigem Meer, unter heiterem Himmel fuhren wir dahin, als plötzlich vor uns Wassersäulen aus dem Meer stiegen. Den Ruderern fielen die Ruder aus den Händen, so sehr erschraken sie. Wir alle fürchteten, daß nun der Ozean sich gegen uns erheben werde. Nur einer blieb ruhig: Udraka, der Lotse. Er sagte uns, daß es Wale seien, die da Bäume aus Wasser in den Himmel wachsen ließen. Meerwesen, länger als unsere Schiffe. Wir sollten mutig auf sie losrudern. Und wir griffen sie an. Wir brüllten, als wir so nahe waren, daß wir die Ungetüme sehen konnten, schlugen Schwerter und Schilde aneinander. Alle Trompeter bliesen, so laut sie konnten. Die Ruderer schlugen mit flachen Rudern auf das Wasser, daß es klatschte. Und die Wale kamen hervor aus dem Meer. Ihre gewaltigen

Schädel hoben sich aus der Flut. Als sie die Schiffe erblickten, erschraken sie, und ihre Schwanzflossen schlugen in den Himmel. Wir sahen die Wale in die Tiefe fahren wie Schiffe, die untergehen. Hinter der Flotte tauchten sie noch einmal auf, sahen uns nach, und jeder blies einen Abschiedsstrahl. Die Besatzungen aller Schiffe schrien laut, als sei ein Seesieg errungen, und sie priesen mich, ihren Admiral, wo sie doch Fischotter, unsern Lotsen, hätten loben sollen. Er hatte mir die Furcht genommen, weil er mehr wußte als ich. Auf seinen Rat ließ ich die Flotte vor Sonnenuntergang dorthin wenden, wo nachts der Große Bär am Himmel steht. Und da kamen wir an die Küste Karmaniens. Wir sahen Kornfelder und Wiesen, Bäche und Bäume zur Rechten. Zur Linken schob sich das Vorgebirge Makete heran, auf dem nicht ein Halm wächst. Da hatte ich Streit mit meinem Steuermann, denn er wollte nach Süden um dieses Vorgebirge herumfahren. Ich aber beharrte auf dem Befehl, der mir gegeben war: an der Küste zu bleiben und den nächsten Weg zum Euphrat zu suchen. Und wir wurden dafür belohnt. Der Hafen von Harmozeia empfing uns. Wir gingen an Land und pflückten Früchte von den Bäumen, denn es gab genug. Und nun bin ich hier.«

Da ging Alexander auf Nearch zu und gab ihm einen goldenen Kranz. Die Soldaten umringten den Admiral und seine Begleiter, schmückten sie mit Blumen und Bändern und trugen sie durch das Lager. Nie zuvor war einer im Heer Alexanders so hoch geehrt worden.

50

Alexander bestraft Schuldige

Nearch sollte nun die Flotte nach Susa führen, Krateros das Hauptheer und die Elefanten. Krateros war auf der großen Heerstraße vom Indus nach Karmanien gezogen und hatte kaum Verluste erlitten. In Susa gedachte Alexander das größte aller Feste zu feiern.

Er zog dorthin mit Reitern und Leichtbewaffneten auf dem Umweg über Pasargadä, wo Kyros sein Grab hatte, der wie Alexander durch die Wüste von Gedrosien gezogen war, wenngleich unter Verlust seines ganzen Heeres. Das Kyros-Grab ist ein einfaches Haus aus großen Steinquadern. Es liegt unter Bäumen verborgen. Eine Quelle fließt dort. Als Alexander an die schmale Tür des Grabes herantrat, las er die Inschrift, die in die Steine gemeißelt ist:

> O Mensch, der du hierherkommst, mißgönne mir nicht dieses Haus! In ihm liegt Kyros, der Sohn des Kambyses, der das Reich der Perser gegründet und über Asien geherrscht hat.

Frevelhafte Menschen hatten das Grab erbrochen und den toten König beraubt. Der goldene Sarg war umgestoßen, die goldenen Füße abgeschlagen. Teppiche, purpurfarbene Pelze, Halsketten und Ringe, Waffen und Geräte waren entführt.

Alexander war entsetzt vom Anblick der Zerstörung. Der Frevel konnte noch nicht lange geschehen sein. Die Räuber waren bei ihrer Tat gestört worden und hatten vieles liegengelassen, auch den Leichnam des Königs. Die Wächter waren aus Furcht vor Strafe geflohen. Alexander ließ sie aufspüren. Das Grab wurde in allem wieder so hergestellt, wie es gewesen war, und Priestern anvertraut.

Zornig zog Alexander weiter nach Persepolis.

Auch dort fand er vieles in Unordnung. Satrapen wurden ihm vorgeführt, die ihre Macht mißbraucht hatten. Der König bestrafte die Schuldigen streng. Einen Satrapen, der besonders schwer gefehlt hatte, ließ er vor der Hinrichtung alle seine Verbrechen selbst aufzählen. Als der Satrap zu Ende geredet hatte, sprach Alexander: »Dein schwerstes Unrecht hast du noch nicht genannt. Ich will es dir sagen: Du hast geglaubt, die Wüste würde mein Heer und mich verschlingen. Sonst hättest du deine Untaten nicht gewagt. Und da du sie getan hattest, mußtest du meinen und meiner Soldaten Tod wünschen.«

Da erbleichte der Schuldige, und Alexander ließ ihn abführen.

Nur ein Übeltäter entkam dem Strafgericht: Harpalos, ein Jugendfreund Alexanders. Ihm war der Reichsschatz anvertraut. Während des Indienzuges hatte Harpalos in Babylon ein Leben in Saus und Braus geführt. Dann war er mit dreißig Schiffen, sechstausend Söldnern und allem, was er an Gold zusammenbringen konnte, nach Athen geflohen, um die Griechen gegen Alexander aufzuwiegeln. Alexander wählte aus seinen Getreuen neue Satrapen aus. Auch Peukestes, der in der Burg der Maller das Leben des Königs gerettet hatte, wurde zum Statthalter ernannt. Ihn liebten die Perser besonders, da er rasch ihre Sprache lernte.

51
Alexander hält mit seinem Heer Hochzeit zu Susa

Im Februar trafen Heer und Flotte in Susa ein. Alexander gab für alle ein unerhörtes Fest. Er ließ bekanntgeben, daß er die Schulden seiner Soldaten übernehmen werde.

Neuntausend Mazedonen und Griechen hatten sich während des großen Zuges Frauen gesucht. Nun wurde die Hochzeit gefeiert.

Auch Alexander und seine Freunde vermählten sich mit persischen Frauen: Alexander mit der ältesten Tochter des Darios und außerdem mit einer Tochter des Königs Ochos; Hephaistion mit einer jüngeren Tochter des Darios, weil Alexander wollte, daß ihre Kinder Vettern würden; Nearch, Krateros, Perdikkas, Ptolemaios und siebzig andere mit Töchtern aus den vornehmsten persischen Geschlechtern. Alexander lud alle zum Hochzeitsmahl. In Purpurzelten, die auf fünfzig goldenen Säulen ruhten, waren schwere Teppiche ausgebreitet. Achtzehntausend kostbare Sessel standen bereit. Auf ihnen nahmen Brautpaare wie auf Thronsitzen Platz, in ihrer Mitte Alexander mit den Töchtern zweier Großkönige.

Die Hochzeit wurde nach persischem Brauch gefeiert. Fünf Tage dauerte das Fest mit Spielen, Wettkämpfen, Musik und Tänzen. Und als am letzten Tag dreißigtausend junge Perser mit mazedonischen Waffen am König vorbeizogen, war der Jubel bei allen Asiaten, die dem Schauspiel zusahen, groß.

In diesen Tagen erhielt Alexander von seinem alten Lehrer Aristoteles einen Brief. Der Weise schrieb: »Aristoteles grüßt Alexander, den Herrn über Asien. Du hast Großes vollbracht, Größeres als je einer vor dir. Und wer an Fähigkeiten alle anderen unvergleichlich überragt, ist wie ein Gott unter den Menschen. Solche geben den Völkern das Gesetz. Aber ich möchte dich daran erinnern, daß du als Mazedone ausgezogen bist, von Griechen beauftragt. Nie solltest du vergessen, daß die Asiaten andere Menschen sind als wir. Darum sei den Mazedonen und Griechen ein Führer, den Barbaren aber ein Herr. Sorge für Mazedonen und Griechen wie für Verwandte und Freunde, um die Barbaren aber kümmere dich wie um Haustiere, die Nutzen bringen! Dies ist mein Rat.«

Der König antwortete dem Gelehrten: »Alexander grüßt Aristoteles. Dein Brief hat mich erstaunt. Zwar ist es richtig, daß ich von Mazedonien auszog. Aber nun habe ich ein größeres Vaterland: alles Bewohnte. Und Verwandte sind für mich nicht nur Mazedonen und Griechen, sondern alle, die sich als gute Menschen erweisen; Barbaren dagegen alle übrigen, auch wenn sie griechisch sprechen.«

Als Alexander diesen Brief absandte, sagte er zu Hephaistion: »Der Weise ist zu alt geworden, als daß er verstehen könnte, was wir tun.«

In Susa wurde Kalanos, der indische Weise, krank. Die Wüste Gedrosien hatte ihm nichts anhaben können, aber nun war er so entkräftet, daß er kaum mehr gehen konnte.

Da beschloß Kalanos, auf einem Scheiterhaufen sein erlöschendes Leben den Flammen zu übergeben. Alexander versuchte ihn davon abzuhalten.

»Griechische Ärzte werden dich wieder gesund machen«, versicherte er dem Weisen. Kalanos lächelte und schüttelte den

Kopf. Da wurde für ihn ein großer Scheiterhaufen errichtet. Das ganze Mazedonenheer trat an – bis auf Alexander.

Kalanos wurde auf einer Sänfte herangetragen, mit Blumen bekränzt. Er sang ein Lied zu Ehren der Götter. Dann verteilte er alles, was er besaß, und nahm Abschied von denen, die er kannte.

Als Letztes sagte er: »Bestellt Alexander, daß ich ihn bald wiedersehen werde, und es wird zu Babylon sein.« Den Scheiterhaufen bestieg er ohne jede Hilfe. Seine Kräfte waren ihm wiedergekehrt. Mit großer Würde gab er das Zeichen, den Scheiterhaufen anzuzünden. Er blieb ruhig, bis ihn die Flammen umhüllten.

Da trompeteten die Elefanten alle, und die Soldaten brachen in Rufe aus und schlugen Speere und Schilde zusammen, um Kalanos zu ehren.

52
Alexander schlägt in Opis eine Meuterei nieder

Von Susa aus ließ Alexander das Heer den Tigris hinaufmarschieren bis nach Opis. Dort verkündete er seinen Entschluß, die Älteren und solche, die Wunden empfangen hatten, nach Mazedonien zu entlassen, insgesamt zehntausend Mann. Sie alle sollten durch Geschenke geehrt werden, und Krateros, der Erste nach Hephaistion, sollte sie in die Heimat führen.

Alexander erwartete Beifall. Es blieb still. Im Heer schwelte eine gefährliche Unzufriedenheit, seit dreißigtausend junge Perser mazedonische Waffen trugen. Die alten Krieger waren erbittert, weil ihr König Perser zu seinen »Verwandten« gemacht hatte.

Als er nun fragte, warum sie schwiegen, schrien einige, er möge doch alle Mazedonen nach Hause schicken und den Rest der Welt mit Persern erobern. Einer schrie höhnisch: »Zieh mit deinem Vater Ammon!«

Einen Augenblick war Alexander starr. Da wurde der Aufruhr noch größer. Die Soldaten drängten gegen die Bühne, auf der Alexander stand, und hoben die Waffen gegen ihn.

Alexander war ohne Waffen. Aber er sprang mitten unter die Meuterer und ließ dreizehn der lautesten Schreier durch seine Leibwache festnehmen und auf der Stelle töten.

Entsetzt verstummten die übrigen. Alexander stieg wieder auf die Bühne und sprach: »Ich habe nichts mehr mit euch zu tun. Aber ich will euch noch einiges sagen, ehe ich euch entlasse. Als mein Vater Philipp sich eurer annahm, da wart ihr Habenichtse, die in Fellen gingen und Schafe in den Bergen hüteten. Mein Vater gab euch Mäntel. Ich gab euch Asien. Nun werdet ihr sagen: Wir kämpften tapfer und haben Wunden empfangen. Ich sage euch: Wer von euch mehr Wunden empfing als ich, der trete vor! Ich habe euch bis nach Indien geführt und euch mit Ehren überhäuft. Kein Heer der Welt kann sich mit euch messen – weil ich euch von Sieg zu Sieg geführt habe. Nicht einer meiner Soldaten ist auf der Flucht gefallen – in mehr als zehn Jahren unausgesetzter Kämpfe. Ich habe mehr erlitten als ihr. Ich aß und trank, was jeder von euch aß und trank. Keinen habe ich weniger geschont als mich. Ihr aber wollt nun von mir abrücken. Tut es! Geht heim nach Mazedonien und erzählt dort, daß ihr mich verlassen habt. Ihr werdet große Ehre damit aufheben. Geht!«

Alexander verließ die Bühne. Drei Tage schloß er sich in der Residenz ein. Dann rief er vornehme Perser zu sich und besetzte mit ihnen Kommandostellen. Eine Reihe von Persern erhob er zu »Verwandten«, die das Recht erhielten, ihn mit einem Kuß zu begrüßen. Als die Mazedonen das hörten, stürmten sie zum Schloß, warfen dort ihre Waffen nieder und erflehten Vergebung von Alexander.

Da trat der König hervor. Da er alle Gesichter tränenüberströmt sah, konnte er nicht sprechen. Ein alter Soldat rief: »Du unser Alexander, wir waren von bösen Geistern verwirrt. Aber du hast uns gedemütigt, da du andere als Mazedonen zu Verwandten gemacht hast!«

Alexander streckte seine Arme aus und sagte: »Euch alle mache ich zu Verwandten!«

Alle stürzten nun auf ihn zu, und wer ihm nahe war, der küßte ihn. Er lud sie zu einem Fest der Versöhnung ein, bei dem zehntausend aus allen Völkerschaften des Reiches an den Tischen saßen.

53
Alexander verliert Hephaistion und zieht nach Babylon

Bald darauf traf Alexander ein Schlag, den er nie mehr verwand. Hephaistion starb.

Tagelang rührte der König nicht einen Bissen an. Mit Gewalt mußten ihn seine Vertrauten vom toten Freund trennen. Alexander ließ die Leiche Hephaistions nach Babylon bringen und dort ein prunkvolles Grab errichten. Zum Orakel in der Wüste wurden Boten entsandt. Sie sollten fragen, ob Hephaistion von den Göttern dorthin entrückt würde, wo Alexander nach dem Tode ihn wiederfinden könne.

Die Tausendschaft, die Hephaistion geführt hatte, bekam keinen neuen Führer. Alexander verlieh ihr den Namen des Toten und führte sie selbst. Dann brach er nach Babylon auf, um dort die Totenfeier für Hephaistion zu begehen und Vorbereitungen für einen zweiten großen Zug zu treffen. Durch ihn sollte der ganze Westen dem Reich gewonnen werden.

Als Alexander sich Babylon näherte, kamen ihm die Weisen der Chaldäer entgegen. Sie bestanden darauf, mit dem König ohne Zeugen zu sprechen. Als sie mit ihm allein waren, sagten sie: »Wir haben durch unsern Gott erfahren, daß es nicht zu deinem Heil ist, wenn du nach Babylon gehst. Dort wartet auf dich große Gefahr.«

Alexander dankte den Sehern für ihre Besorgnis. Doch sagte

er: »Ich muß euch sagen, ihr Weisen, daß es mir unmöglich ist, einer Gefahr auszuweichen.«

Allen Warnungen zum Trotz zog er weiter. Es schüchterte ihn auch nicht ein, daß über seinem Haupt ein Schwarm Raben einen großen glänzenden Vogel angriff und so schwer verwundete, daß er zur Erde stürzte – vor das Pferd Alexanders, das erschrocken stehen blieb. Alexander spornte das Pferd an und zog in Babylon ein. Dort freilich geschah etwas, das ihn nachdenklich machte. Er war mit Freunden beim Ballspiel. Alexander hatte seine Kleider abgelegt. Als er sie nach dem Spiel wieder anziehen wollte, fand man sie nicht. Und dann kam ein Offizier der Leibwache mit schreckensbleichem Gesicht aus dem Palast und meldete, daß ein fremder Mensch mit den Kleidern des Königs und dem Diadem angetan auf dem Thron sitze.

Alexander und seine Freunde eilten in den Thronsaal. Der fremde Mensch saß schweigend auf dem Thron und starrte vor sich hin. Erst nach vielen Fragen sagte er: »Ich war im Kerker. Aber der Gott Serapis hat meine Fesseln abgenommen und mir aufgetragen, Alexanders Kleider und Diadem zu nehmen und mich auf den Thron zu setzen.«

Alexander ließ den Menschen abführen und die Kleider verbrennen. Und er gedachte des indischen Weisen, der vor seinem Tode von einem Wiedersehen in Babylon gesprochen hatte.

In den nächsten Wochen empfing Alexander Gesandte aus dem Westen. Aus Afrika kamen Libyer und Äthiopier, aus Italien Lukaner, Bruttier und Etrusker, aus dem fernen Westen Iberer und Kelten. Alexanders Ruhm war bis zu ihnen gedrungen. Sie hörten mit Staunen von seinem neuen Vorhaben: um Arabien und Afrika herumzufahren und von Westen her zu den Säulen des Herakles zu gelangen. Schon war mit dem Bau eines Hafens für tausend Schiffe im Süden von Babylon begonnen worden. Im Mai fuhr Alexander den Euphrat hinab, um an der Mündung ein zwölftes Alexandrien zu gründen. Von ihm aus wollte er die große Westfahrt beginnen.

Zurückgekehrt nach Babylon feierte der König mit seinen

Freunden. Keiner war fröhlicher als er. Plötzlich wurde er von heftigem Fieber befallen.

Die Nächte waren schwül, die Tage unerträglich heiß. Alexander ließ sich aus dem Schloß am Westufer in die königlichen Gärten bringen. Im Schatten eines uralten Baumes empfing er Nearch und die Heerführer, um ihnen letzte Befehle für die Westfahrt zu geben.

Das Fieber wurde Tag für Tag schlimmer. Alexander hörte auf seinem Krankenlager nicht auf, den Göttern zu opfern und Anordnungen für die Fahrt zu geben. Schließlich konnte Alexander nur noch mit Mühe sprechen. Seine Worte verwirrten sich. Er verlangte, man solle ihm Wasser aus der Oase holen, so als wäre er schon in der Wüste Arabiens. Seine Vertrauten umstanden ihn schweigend. Und sie waren in Angst um ihren König.

54
Alexander durchmißt im Fiebertraum den Himmel und das Meer

Alexander sah unter sich Arabien liegen – bis zum Roten Meer; denn er stand auf einem hohen Berg. Um ihn waren seine engsten Freunde, auch Hephaistion und Kleitos. Vom Gipfel aus schien der Himmel nicht fern. Und Alexander sagte: »Bringt mir eine Leiter, damit ich hinaufsteige bis an den Himmel und ihn anfasse, ob er aus glänzendem Erz ist oder aus fließendem Licht.« Die Leiter wurde gebracht, und Alexander sah gleich, daß er mit ihr den Himmel nicht erreichen konnte. Sein Wunsch aber war so mächtig, daß er Felsen bewegte. Der Berg tat einen Spalt auf, und aus ihm kamen zwei Greifen mit mächtigen Flügeln hervor. Sie waren an einen Wagen geschirrt, auf dem nichts als ein goldener Sessel war. Auf ihn setzte sich Alexander. Und er griff mit solcher Kraft in die Luft, daß Sonnenstrahlen zu einem Speer in seiner Hand wurden. An die

Spitze dieses Speeres steckte Alexander ein verendetes Wild, und weil die Greifen nach dem Aas gierig waren, hielt Alexander es über ihre Köpfe. Da flogen sie auf, um das Futter zu erreichen, und so lenkte sie Alexander. Die Greifen flogen so hoch, daß Alexander die ganze Erde sah. Wie eine runde Insel lag sie in einem Meer von unermeßlicher Tiefe.

Da wurde Alexander in der Höhe des Himmels von Sehnsucht nach dem Grunde des Meeres ergriffen, und er hielt den Greifen das Aas unter die Füße. So lenkte er sie zurück zum Berg, auf dem seine Freunde ihn erwarteten.

Sie waren froh, ihn wieder bei sich zu haben. Er aber sagte: »Wir wollen jetzt zum Ozean hinabgehen und mit einem Schiff zu der Stelle fahren, wo das Meer am tiefsten ist.«

Und so dringend seine Freunde ihm auch abrieten – er ließ sich in eine gläserne Tonne einschließen und an langen Tauen ins Meer versenken. Da sah er Fische, die noch niemand erblickt hat, weil sie immer im Schoß des Meeres bleiben und das Licht der Sonne fürchten. Aus sich selbst haben sie Lichter, die sie auf ihren Stirnen oder auf dem Rücken tragen. Sie kamen an die gläserne Tonne heran und erschraken. Riesige Krebse und Kraken mit Greifarmen so lang wie Speere näherten sich. Auch sie ergriffen beim Anblick Alexanders die Flucht und zogen sich in die Finsternis des Meeres zurück.

Da ließ sich Alexander zum Schiff emporziehen, damit er nicht allein sei.

Alexanders Blick kam aus großer Ferne, als er die Augen aufschlug und die Freunde ansah, die um sein Lager standen: Perdikkas, Ptolemaios, Leonatos und Peukestes, Krateros und Seleukos und Nearch.

Vor dem Schloß wartete das Heer. Alexander winkte zum Tor hin. Da ließ Perdikkas die Flügel des Tores weit öffnen. Und die Soldaten zogen vorüber, um ihren König noch einmal zu sehen.

Als der Zug vorüber war, gab Alexander seinen Siegelring dem Perdikkas.

Bei Anbruch der Nacht gingen Seleukos und Peukestes zum Heiligtum des Serapis. Sie wachten dort, um vom Gott zu er-

Greif. Relief aus Susa. Der Körper eines Löwen ist mit Widderhörnern, Adlerschwingen und Adlerklauen bewehrt.

fahren, ob es nicht besser sei, den König in das Heiligtum zu bringen. Am Morgen erhielten sie durch die Priester die Antwort des Gottes: Sie sollten den König lassen, wo er sei. Dort habe er es gut.

Als Seleukos und Peukestes zum Königsschloß zurückkamen, war Alexander tot.

55
Alexanders Nachfolger beginnen einen großen Streit

Da begann großes Wehklagen in der Stadt Babylon. Die Nachricht vom Tod Alexanders verbreitete sich rasch durch alle Länder. Als die Mutter des Darios in ihrem Palast zu Susa davon erfuhr, war ihr Leid so groß, daß sie daran starb.

Perdikkas, der den Siegelring empfangen hatte, rief das Heer zur Wahl des neuen Königs zusammen. Vor dem Palast wurde der Thron aufgestellt. Auf ihn legte Perdikkas den Siegelring als Zeichen, daß auch er sich dem Willen des Heeres unterwerfe. Insgeheim aber war er sicher, das Heer werde ihn zum König ausrufen.

So dachten auch die übrigen Heerführer. Denn nun, da Alexander tot war, meinte jeder von ihnen, daß er selber der Größte sei.

Das Heer aber kam zu keiner Entscheidung. Keinen von denen, die nach der Krone trachteten, fanden die Soldaten würdig genug, an Alexanders Stelle zu treten.

Da entließen die Heerführer die Soldaten ins Lager und berieten ohne sie weiter.

»Wir selber müssen einen aus unsrer Mitte wählen«, schlug Peukestes vor. »Wenn wir einig sind, wird auch das Heer einig sein.«

»Vor allem muß entschieden werden, was nun zu tun ist«, sagte Perdikkas.

»Das steht außer Frage«, sagte Nearch. »Es war Alexanders Wille, den Osten und den Westen zusammenzufügen. Alles ist zum großen Zug in den Westen bereit.«

»Noch ein großer Zug!« spottete Seleukos. »Ist das Reich nicht groß genug?«

»Sollen wir die tausend Schiffe, die Alexander bauen ließ, verbrennen?« fragte Nearch zornig.

»Fahr du doch mit ihnen zu den Säulen des Herakles!« forderte Seleukos Nearch auf. »Oder ist einer unter uns, der an dieser Fahrt teilnehmen will?«

Alle blieben stumm.

»Du siehst«, sagte Seleukos zu Nearch, »wir andern sind einer Meinung: das Reich ist groß genug.«

»Es ist zu groß für einen«, behauptete Ptolemaios.

Perdikkas fuhr auf: »Was willst du damit sagen?«

»Daß wir das Reich teilen sollten«, sagte Ptolemaios.

»Warum soll nur einer von uns König sein? Sind wir nicht alle gleich?«

Da trat Perdikkas vor. »*Mir* gab Alexander den Siegelring.«

»Das war einer seiner Fehler«, sagte Krateros mit Schärfe.

»Es ist jetzt nicht die Zeit, von Alexanders Fehlern zu reden«, sagte Nearch.

»Wir müssen davon reden!« ereiferte sich Seleukos, »damit wir sie nicht wiederholen.«

»Er hat recht«, sagte Ptolemaios. »Es war ein Fehler, bis ans Ende der Welt zu ziehen, statt nur soviel zu erobern, als einer regieren kann. Vor allem war es falsch, die Unterschiede zwischen Siegern und Besiegten aufzuheben. Alexander ist zu einem Asiaten geworden. Er hat halbe Asiaten aus uns gemacht. Nichts ist nötiger, als sich zu erinnern, daß wir Mazedonen sind, die andern dagegen Unterworfene, die uns zu gehorchen haben.«

»Du sprichst gegen Alexander«, sagte Nearch. »Er würde dich zurechtweisen.«

»Alexander ist tot«, sagte Krateros hart. »Wir leben und müssen handeln.«

»Ihr verratet ihn«, sagte Nearch zornig.

»Wir taten lange genug nichts anderes, als was er für richtig hielt«, sagte Krateros. »Endlich sind wir frei.«

Nearch sah einen um den andern an. Sie alle ließen erkennen, daß sie wie Krateros dachten. Da wandte sich Nearch ab und ging.

Als er fort war, begannen die andern von neuem zu streiten. Der Palasthof widerhallte von heftigen Reden. Sie stritten bis in die tiefe Nacht.

Schließlich machten sie aus dem Reich Alexanders so viele Teile, daß jeder von ihnen für den Augenblick zufrieden war. Jeder setzte sich auf einen Thron und nannte sich König. Bald aber stritten sie weiter. Sie neideten einander Dörfer und Städte, Inseln und ganze Länder – und nun stritten sie nicht mehr mit Worten, sondern mit Waffen. In diesen Kämpfen kamen mehr Menschen um, als auf dem großen Zug nach Indien. Und die Völker, die von einem Krieg in den andern getrieben wurden, trauerten um Alexander.

Der Erzähler verabschiedet sich

Damit endet mein Bericht vom großen Alexanderzug. Wie man hört, soll es auch darum Streit gegeben haben, wo Alexander sein Grab finden sollte. Ptolemaios, der zum Pharao von Ägypten wurde, nahm den toten König schließlich mit in die Stadt, die Alexander an der Nilmündung gegründet und mit seinem Namen geehrt hatte.

Von dort, so heißt es, sei er auf geheimnisvolle Weise zur Oase Siwa in die Wüste gebracht worden. Niemand kann darüber Sicheres sagen, auch nicht ich, des Königs Tagläufer und Schrittmesser von Asien. Auf seinem zweiten Zug in die Wüste habe ich ihn nicht mehr begleitet. Ich kehrte heim.

Auf dem zweiten Weg von Babylon bis nach Mazedonien wurde ich oft nach Alexander gefragt; alle beneideten mich. Und ich kann es nicht bedauern, daß ich mit Alexander bis nach Indien zog. Er gab jedem von uns Gelegenheit, über ihn zu staunen.

Meine Liebe freilich hat nicht ihm gehört. Sie wandte sich andern zu, die mir auf dem großen Zug begegnet sind: Poros, dem Besiegten, und Taxiles, der Alexander allein entgegenritt und eine waffenlose Hand ausstreckte. Als der Größte unter den Königen erschien mir Dindimus, der seine Soldaten nach Hause schickte, damit die Felder bestellt würden.

Näher noch steht meinem Herzen Nearch, der Kreter. Und meine Bewunderung gehört Kallisthenes, der vor dem König stehenblieb, als alle anderen den Kniefall taten, und der ohne Furcht sagte, was er dachte.

An Alexander entdeckte ich vieles, was mich erschreckte. Aber ich sah auch, daß er der Reue fähig war, wenn er sich zu einer verwerflichen Tat hatte hinreißen lassen.

Er, der Niebesiegte, rang sich am Hyphasis selbst einen Sieg ab, als er sah, daß die Seinen am Ende ihrer Kraft waren. Und da er die Unterschiede zwischen Siegern und Besiegten aufhob und gegen den Widerstand seines eigenen Volkes zum

Versöhner von Völkern wurde, darf man ihn einen Großen nennen, der unter den Mächtigen wenige seinesgleichen hat.

So denke ich, einer der Schrittmesser, die mit Alexander zogen.

Anhang

Lebensdaten Alexanders

356 Alexander wird in Pella geboren.

344 Aristoteles wird zum Lehrer Alexanders berufen.

340 Alexander wird von seinem Vater Philipp, der gegen Byzanz zieht, als Reichsverweser eingesetzt.

339 Alexander besiegt die Thraker.

338 Alexander führt in der Schlacht von Chäronea die mazedonischen Reiter.

337 Alexander verläßt mit seiner Mutter den Hof König Philipps, der die junge Prinzessin Kleopatra zur Frau nimmt.

336 Alexander wird nach der Ermordung König Philipps König von Mazedonien; Darios wird Großkönig von Asien.

335 Alexander zieht an die Donau und nach Illyrien; die Stadt Theben wird zerstört.

334 Der große Zug nach Asien beginnt. Alexander geht im Frühjahr mit seinem Heer über den Hellespont und siegt am Granikos.

333 Das Mazedonenheer zieht nach Kilikien. Alexander erkrankt nach einem Bad im Kydnos. Im November siegt er bei Issos.

332 Tyros wird nach siebenmonatiger Belagerung erobert, Gaza nach zwei Monaten. Alexander zieht nach Ägypten und zur Oase Siwa. Er gründet Alexandrien und läßt den Nil erforschen.

331 Das Mazedonenheer bricht im Frühling nach Phönizien auf und geht im Juli über den Euphrat. Alexander siegt am 1. Oktober in der Schlacht von Gaugamela und zieht nach Babylon.

330 Alexander zieht nach Persepolis und verfolgt Darios. Im Juli wird Darios ermordet. Das Heer kämpft in Hyrkanien, Ariana und Drangiana. Im Zuge einer Verschwörung wird Philotas mit andern hingerichtet und Parmenion beseitigt.

329 Das Heer Alexanders geht im Frühjahr über den Hindukusch und marschiert nach Baktra und Sogdiana. Bessos wird ausgeliefert. Die Mazedonen siegen über die Skythen und beziehen Winterquartiere in Baktrien.

328 In Sogdiana kommt es zu schweren Kämpfen. Alexander vermählt sich mit der Fürstentochter Roxane. Im Dezember wird Kleitos als Statthalter von Baktrien und Sogdiana eingesetzt und bei einem Fest von Alexander getötet.

327 Das Heer Alexanders bricht nach Indien auf und bezieht Winterquartiere am oberen Indus.

326 Alexander marschiert nach Taxila, geht über den Hydaspes, siegt über Poros und stößt zum Hyphasis vor. Das Heer erzwingt die Umkehr. Alexander läßt eine Flotte bauen und fährt den Hydaspes hinab. Das Heer erobert Mallerstädte und bezieht Winterquartier im Lande der Musikaner.

325 Alexander fährt auf einem Indusarm bis zum Indischen Ozean. Beim Marsch durch die Wüste Gedrosien finden neunzigtausend Menschen den Tod. Nearch führt die Flotte zum Persischen Golf.

324 In Persepolis bestraft Alexander schuldige Satrapen. In Susa werden zehntausend Mazedonen mit Asiatinnen vermählt. Alexander vermählt sich mit einer Tochter des Darios und einer Tochter des Ochos. In Opis kommt es zur Meuterei gegen Alexander.

323 Alexander zieht nach Babylon. Er trifft Vorbereitungen für einen Zug nach Westen und zur Umschiffung Afrikas. Am 11. (oder 13.) Juni stirbt Alexander. Sein Reich zerfällt. Unter den Nachfolgern, den Diadochen, kommt es zu jahrelangen schweren Kämpfen. Der große Alexanderzug aber wirkt sich auf allen Gebieten menschlichen Lebens aus – bis heute.

Plutarch über Alexander:

Alexander gründete in den Ländern der Nichtgriechen über siebzig Städte. Er übersäte Asien mit Pflanzstätten griechischer Kultur und zähmte die Wildheit vieler Völkerschaften. Sie hätten nicht so rasch zur Gesittung gefunden, wären sie nicht Alexander unterlegen.

In Ägypten gäbe es kein Alexandria, in Mesopotamien kein Seleukia, in Sogdiana kein Prophtasia, in Indien kein Bukephala. Es gäbe nicht eine Griechenstadt am Kaukasus. Als sie aufblühten, erlosch die Wildheit, und die rohen Sitten wandelten sich zur Milde.

Bildnachweis

Anderson-Giraudon 54/55; Roloff Beny Rom 19, 42/43; Bondot-Lamotte 81; Louvre Paris 15, 112/13; Soubielle Paris 73; Staatl. Museen Berlin 92.

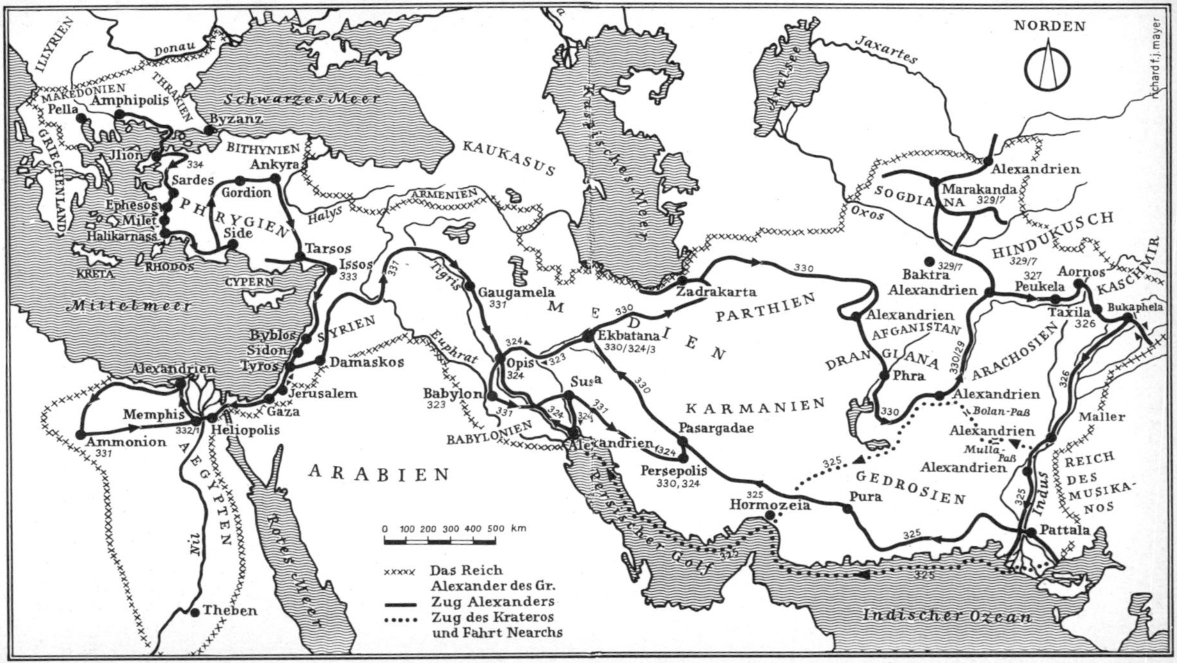
NORDEN
richard f.j. mayer
ILLYRIEN
MAKEDONIEN
Pella
Amphipolis
THRAKIEN
Donau
Schwarzes Meer
Byzanz
BITHYNIEN
GRIECHENLAND
Jlion
334
Sardes
Ankyra
Gordion
Ephesos
Milet
Halikarnass
PHRYGIEN
Side
Halys
Tarsos
Issos
333
KRETA
RHODOS
CYPERN
Mittelmeer
KAUKASUS
ARMENIEN
Kaspisches Meer
Aralsee
Jaxartes
Oxos
SOGDIANA
Marakanda
329/7
Alexandrien
HINDUKUSCH
329/7
Baktra
Alexandrien
Aornos
KASCHMIR
327
Peukela
Taxila
326
Bukaphela
337
Tigris
Gaugamela
331
MEDIEN
330
Ekbatana
330/324/3
Zadrakarta
330
PARTHIEN
Alexandrien
AFGANISTAN
DRANGIANA
Phra
330/29
ARACHOSIEN
Alexandrien
Bolan-Paß
Alexandrien
Mulla-Paß
Alexandrien
Maller
REICH DES MUSIKANOS
Indus
326
325
Pattala
GEDROSIEN
Pura
330
325
KARMANIEN
Pasargadae
Persepolis
330, 324
324
Hormozeia
325
Persischer Golf
325
Indischer Ozean
Byblos
Sidon
Tyros
SYRIEN
Damaskos
Jerusalem
Gaza
Euphrat
Opis
324
323
Babylon
323
BABYLONIEN
Susa
331
324
Alexandrien
Alexandrien
Memphis
332/1
Heliopolis
Ammonion
331
AEGYPTEN
Nil
Theben
ARABIEN
Rotes Meer
0 100 200 300 400 500 km
xxxxx Das Reich Alexander des Gr.
Zug Alexanders
Zug des Krateros und Fahrt Nearchs